URBANIDAD

BuenasManeras

- DEBERES ÉTICOS DEL HOMBRE
- DEL MODO DE CONDUCIRNOS EN DIFERENTES LUGARES
- ETIQUETA MODERADA
- FORMALIDADES EN LA MESA DE COMEDOR
- LA MUJER
- DE BODA
- REGLAS DIVERSAS

Néstor Bello Urbáez

AuthorHouse™
1663 Liberty Drive
Bloomington, IN 47403
www.authorhouse.com
Phone: 833-262-8899

This book is printed on acid-free paper.

References: From the Bible; Antigua version de Casiodoro de Reina (1569), revised on 1602 by Cipriano de Valera, other version (1960).

ISBN: 978-1-5049-2247-0 (sc)
ISBN: 978-1-5049-2248-7 (e)

Library of Congress Control Number: 2015911288

Print information available on the last page.

Published by AuthorHouse 08/28/2023

authorHOUSE®

CONTENIDO DEL TEXTO

PRIMERA PARTE

SEGUNDA PARTE

TERCERA PARTE

CUARTA PARTE

QUINTA PARTE

SEXTA PARTE

SEPTIMA PARTE

DEDICATORIA

A mis hijos

INTRODUCCIÓN

En el empeño de enriquecer nuestros corazones con virtudes y nuestro entendimiento de ideas útiles a nuestros semejantes y a nosotros mismos; es necesario que nos ocupemos de la enseñanza y el buen modo. Es muy controversial hablar de reglas y modales en estos tiempos, cuando existen tantas diferentes ideas, costumbres y filosofías; respetando estos factores nos limitamos a ofrecer un filón de sanas razones y acciones, esperando que éstas contribuyan en nuestra cultura hispánica; la urbanidad es un medio de enriquecimiento moral y social.

Uno de los objetos que debemos consagrar mucha atención y estudio, es el hacer agradable nuestra persona, no ya por el conocimiento y la práctica de los usos y estilos de la buena sociedad, ni por la dulzura de nuestro trato, sino por una noble y elegante exterioridad, por la naturalidad y el despejo que aparecen siempre en nuestro cuerpo, sea cual fuere la actitud en que nos encontremos.

En este libro encontrarás, algunas reglas y sugerencias las cuales son tomadas en cuenta por personas de vasta experiencia en el campo de la moralidad y el civismo.

En primer lugar, trataremos acerca de los deberes morales del hombre; apenas descubrimos un destello de razón, ellos se apresuran a dar principios de nuestra educación moral e intelectual, son ellos los que imprimen en nuestra alma las primeras ideas, las cuales nos sirven de base para todos los conocimientos ulteriores, de norte, para emprender el espinoso camino de la vida.

En la segunda parte, nos conducimos a tratar acerca del modo de conducirnos en diferentes lugares, tales como el templo cristiano; es el templo el lugar donde se adora a Dios; es la casa de Dios aquí en la tierra, y por tanto, nosotros los humanos debemos siempre tener este lugar en alta consideración; respetando, guardando y cumpliendo todas las leyes sagradas que aquí se emiten, al igual que mantenernos cuidadosos y respetuosos, para que los que hablan del comportamiento, es decir los moralistas, no censuren nuestra actitud.

Cuantas cosas podemos numerar que están en el marco de la disciplina eclesiástica, empero aquí solo aparecen algunas sugerencias y reglas que contribuyen al enriquecimiento de nuestra conducta; en esta parte también trataremos el comportamiento de los niños, como cuidarnos en las casas de estudios, en diferentes reuniones y lugares tales como la casa y la calle.

En tercer lugar, una etiqueta moderada, la cual nos recuerda ideas que son dignas de practicar cuando sea necesario.

Formalidades en la mesa de comedor, es el siguiente tema, y por último, hablamos de la mujer y algunas reglas de la urbanidad en general.

Quizás al presente tu estas practicando la mayoría de todas las cosas que aquí se presentan; si es así, ¡Congratulaciones! Al poner en práctica las buenas enseñanzas que hemos recibido y damos a otros de ellas.

Una obligación de honor nos impulsa a pregonar el ardiente deseo de servir a los demás, usando nuestro entendimiento y fuerzas más virtuosas que surgen desde el fondo de nuestro corazón agradecido de Dios Nuestro Creador.

La urbanidad es un asunto que contribuye a formar el orden y la disciplina en todos los ámbitos.

La Biblia es el código infalible y disciplinario de todos los tiempos; ella enseña al individuo a conducirse cívica, moral y espiritualmente.

PRIMERA PARTE

DEBERES ÉTICOS DEL HOMBRE

PRIMERA PARTE
DEBERES ÉTICOS DEL HOMBRE

I) DEBERES PARA CON DIOS

Los cielos cuentan la gloria de Dios, y el firmamento anuncia la obra de sus manos. (Salmos 19:1.)

Basta dirigir una mirada al firmamento, o a cualquiera de las maravillas de la creación, y contemplar en un instante los infinitos bienes y comodidades que nos ofrece la tierra, para concebir desde luego la bondad y misericordia divina; Dios nos dio a su único Hijo, para librarnos de la muerte eternal; redimiéndonos con su sangre muriendo en dura cruz; Dios es amor, y es Santo, poderoso y no quiere que ningún hombre se pierda, más, si este va en la senda de la izquierda por su propio albedrío y voluntad; ¿Dirá por eso que no hay un Dios de bondad? Él es Todopoderoso, no es un Dios tirano que obligue a los humanos con violencia a hacer lo que se oponga a su conciencia.

Si existe la maldad, es porque el hombre así lo ha preferido y lo ha deseado, vivir siempre sumido en el pecado que voluntariamente ha cometido; quien sigue en tal manera está perdido.

Dios amó al mundo de tal manera, que envió a su Hijo, y quiso que muriera; murió Jesús por todos los perdidos con el fin de que todo delincuente al mirar las heridas de su frente, fuera salvo cuando en el creyera. Contra Él se desató la saña fiera del hombre sin piedad; y sin embargo, al hombre que en El cree y lo acepta, le ofrece salvación, dicha, gozo y paz perfecta.

¿Quieres saber, querido amigo mío, que existe Dios aunque el dolor exista? No tienes más que levantar tu vista a la cumbre gloriosa del calvario. Aceptar el sacrificio que el vicario Jesús te ofrece por tu culpa horrenda. Él es el Hijo de Dios, bondadoso y tierno que te ofrece la gloria y no el infierno.

Dios nos ofrece dicha y salvación eterna.

Son incontables los deberes para con Dios, aquí solamente ofrecemos un breve listado de algunos de los cuales tenemos que considerar en una próxima edición:

1. Somos deudores por su amor

El amor del Ser Supremo es infinito y no podemos medir ni calcular su inmensidad ni su grandeza porque es insondable; solo tenemos que siempre corresponder a ese amor sublime y tierno.

¿Con que pagaremos por su inmenso amor? Su costo es incalculable; solo nos resta darnos a nosotros mismos, entregarnos a El incondicionalmente.

2. Gloria sea a Dios en todo tiempo

No importan las circunstancias en que nos encontremos, siempre debemos rendirle honor y gloria por toda la eternidad; porque todo lo bueno, todo lo puro, todo lo amable y todo lo que es de buen nombre viene de Él.

3. Nuestras oraciones siempre deben ser dirigidas con fe y confianza

La Santa Biblia nos dice en San Mateo Capitulo 21 Versículo 22: *Y todo cuanto pidieres en oración, creyendo lo recibiréis.*

4. Nuestras alabanzas deben ser sinceras y en todo tiempo

Así, al acto de acostarnos, como el de levantarnos elevemos nuestra alma a Dios, le dirigiremos nuestras alabanzas y le daremos gracias por todas sus bendiciones. Le pediremos por nuestros padres, por nuestra familia, por nuestra patria, por nuestros amigos y haremos votos por la felicidad del género humano, y especialmente por el consuelo de los afligidos y atribulados.

5. Reconocimiento

Es nuestro deber reconocer el Señorío del Dios Todopoderoso en todo tiempo y en todo lugar.

6. Los Mandamientos de Dios

Los mandamientos de Dios no son gravosos, por tanto, obedezcámoslo con tesón.

7. Obediencia a Dios

Como hijos agradecidos, le debemos toda obediencia a nuestro Padre Celestial.

8. Los Ministros de Dios

Los servidores de Dios llamados al ministerio pastoral sobre la tierra, tienen la misión de mantener el culto divino y de conducir nuestras almas por el sendero de la felicidad eterna; por tanto, debemos de respetarlos y honrarlos y oírle en sus gratos consejos.

El corazón humano, esencialmente comunicativo, siente una inclinación invencible a expresar sus afectos por signos y demostraciones exteriores debemos, pues, manifestar a Dios nuestro amor, nuestra gratitud y nuestra adoración con actos públicos, que al mismo tiempo satisfagan nuestro corazón, sirvan de un saludable ejemplo a los que nos observan.

Y como es el templo la casa de Dios, y el lugar destinado a rendirle nuestros cultos a Dios, procuremos visitarlo con la posible frecuencia, manifestando, siempre en él toda la devoción y todo el recogimiento que inspira tan sagrado recinto.

En los deberes para con Dios se encuentran refundidos todos los deberes sociales y todas las prescripciones de la moral; así es que el hombre verdaderamente cristiano es siempre el modelo de todas las virtudes, el padre más amoroso, el hijo más obediente, el esposo más fiel, el ciudadano más útil a su patria.

II) DEBERES PARA CON NUESTROS PADRES

Honra a tu padre y a tu madre, para que tus días se alarguen en la tierra que Jehová tu Dios te da. (Éxodo 20:12.)

El quinto mandamiento de la ley del pacto antiguo dado por Dios al pueblo de Israel por medio de Moisés; este mandamiento enseña y manda que hay que honrar a nuestros padres, para así poder vivir largura de días en esta tierra.

El mismo Jesucristo dijo que el que no honra a sus padres; o lo maldice; muera irremisiblemente. (S. Mateo 15:4.)

1. Prestar auxilios

Es un deber sagrado prestar auxilio a nuestros padres cuando nos necesiten.

2. Los cuidados tutelares

Los cuidados amorosos de nuestros padres son muy elevados, valorémoslo como hijos agradecidos.

3. Bendición viene de Dios y nunca debemos despreciarla

La bendición de Dios es la que enriquece y no añade tristeza alguna.

4. Tranquilidad es el bálsamo que merecen nuestros padres

Nuestro comportamiento tanto les puede quitar el sosiego a nuestros tutores como los puede tranquilizar cuando estamos ausentes o presentes.

5. Educación moral, debemos valorarla, porque este es un regalo incalculable que nos han ofrecido nuestros padres

6. Sus cuidados y beneficios siempre están disponibles para nosotros

El amor de nuestros tutores les hace saber que todo esto es necesario para nosotros.

7. La amistad

En términos generales, la amistad es buena, hay que cultivarla, cuidarla y protegerla como una planta sensitiva ya que nuestros padres son nuestros mejores amigos.

8. El Trabajo es honroso

Buen ejemplo nos dan nuestros padres, por haber trabajado fuertemente para darnos el sustento diario.

9. Nuestro amor

El amor a nuestros padres debe ser eterno, este es uno de los mandamientos de la ley de Dios.

10. La obediencia y respeto

Corona de honra es nuestra obediencia y respeto a los que nos procrearon.

11. Obligaciones.

Así como ellos nos enseñaron las obligaciones, debemos enseñarle a nuestras próximas generaciones lo mismo.

III) DEBERES PARA CON NUESTROS SEMEJANTES

Oísteis que fue dicho amaras a tu prójimo como a ti mismo; es un deber moral del hombre amar a sus semejantes. Hemos de contemplar como la soberana bondad de Dios ha querido manifestar en todas sus obras, ha encaminado estos deberes a respetarlos, honrarlos, tolerar y ocultar sus miserias y debilidades; debemos ayudarlos a ilustrar su entendimiento y a formar su corazón para la virtud; debemos socorrerlos en sus necesidades, perdonar las ofensas y en suma, proceder para con ellos de la misma manera que deseemos que ellos procedan con nosotros.

1. El amor a Dios y al prójimo

Este es un supremo deber, ya que el Señor Jesucristo lo estableció en las Sagradas Escrituras cuando dijo: …Amarás al Señor tu Dios con todo tu corazón, y con toda tu alma, y con toda tu mente. Este es el primero y grande mandamiento.

Y el segundo es semejante: Amaras a tu prójimo como a ti mismo. De estos dos mandamientos depende toda la ley y los profetas. (San Mateo 22:37-40).

Bajo la gracia de Dios, debemos ampararnos en es dos mandamientos.

2. La felicidad

Es un sentimiento profundo que sale del corazón, el cual ilumina nuestro entendimiento y nos hace sentir bien a nosotros mismos como a los demás.

3. La benevolencia

Es un don divino el cual debemos practicar cuando se nos presente la ocasión.

4. Malevolencia
Esta siempre trae fracasos y pérdidas incalculables a quienes la practican.

5. Beneficencia
Este es un don divino que tenemos que reconocer y practicar siempre.

6. El hogar paterno
Es el lugar de grandes recuerdos el cual tenemos que apreciar y proteger.

7. El amor al prójimo
Practiquemos pues, este amor el cual es una fuente que nos deleita a nosotros mismos como a nuestros semejantes.

IV) DEBERES PARA CON NOSOTROS MISMOS

1. Nuestro entendimiento
El ser humano es dotado de entendimiento, el cual debe usar con prudencia.

2. La ignorancia
Sólo los ignorantes son los que se descuidan de su propia persona y no usan su juicio para cuidarse y cuidar de los demás.

3. La salud
Es nuestro compromiso conservar y cuidar nuestra salud y la de nuestros semejantes, aseándonos apropiadamente y comiendo cosas saludable.

4. Principios cristianos
Los principios cristianos, son la base de toda persona gentil y educada; estos contribuyen en el bienestar de nuestra sociedad.

5. Nuestra tolerancia
Por más difícil de tratar que sean las personas, debemos conservar el don de la tolerancia.

SEGUNDA PARTE

DEL MODO DE CONDUCIRNOS EN DIFERENTES LUGARES

SEGUNDA PARTE
DEL MODO DE CONDUCIRNOS EN DIFERENTES LUGARE

I) COMO CONDUCIRNOS EN EL TEMPLO CRISTIANO

Por lo demás, hermano, todo lo que es verdadero, todo lo honesto, todo lo justo, todo lo puro, todo lo amable, todo lo que es de buen nombre; si hay virtud alguna, si algo digno de alabanza, en esto pensad. (Filipenses 4:8.)

…Hijo mío, no menosprecies la disciplina del señor, ni desmayes cuando eres reprendido por él; porque el señor al que ama, disciplina, azota a todo el que recibe por hijo.

Si soportamos la disciplina, Dios os trata como hijo: Porque ¿Qué hijo es aquel a quien el padre no disciplina? Pero si os deja sin disciplina, de la cual todos han sido participes. Entonces sois bastardos, y no hijos.

Por otra parte, tuvimos nuestros padres terrenales que nos disciplinaban, y los venerábamos. ¿Por qué no obedeceremos mucho mejor al Padre de los espíritus, y viviremos? Y aquellos, ciertamente por poco días nos disciplinaban como a ellos le parecía, pero este para lo que nos e provechoso, para que participemos de su santidad. Es verdad que ninguna disciplina al presente parece ser causa de gozo, sino de tristeza, pero después da fruto apacible de justicia a los que en ella han ejercido. (Hebreos 12:5-11.)

La urbanidad se une a los ritos o servicios que practican los miembros o feligreses de cualquier templo religioso. El buen comportamiento en el lugar sagrado contribuye al éxito de la programación organizacional de los que allí asisten.

Es muy difícil hablar de reglas y modales en estos tiempos cuando existen tantas diferentes ideas en las distintas congregaciones; empero, respetando las ideas, dogmas y costumbres de

los individuos, especialmente la de los chavales, nos limitamos a ofrecer un filón de sanas razones y acciones las cuales contribuyen a la organización en el campo eclesiástico.

El templo es la casa de Dios, y por lo tanto, un lugar de oración y recogimiento, donde debemos aparecer siempre circunspectos y respetuosos con una religiosidad contraída exclusivamente a los oficios que en él se celebran.

1. Al salir hacia el templo debemos:

- **a.** Asistir con puntualidad.
- **b.** Vestir ropa adecuada (Si no la tiene, no debes dejar de asistir, empero haga todo lo posible por obtenerla.)
- **c.** Instruir y vestir a los niños por anticipado (Si aplica.)
- **d.** Invitar a otros anticipadamente para que asistan al templo.

2. Al entrar al templo

Estando ya en el umbral de la puerta debemos quitarnos en sombrero (Esto aplica a hombres solamente) y ya en los atrios quitarnos la capa o abrigo recordando el versículo Bíblico que dice: *Entrad por sus puertas con acción de gracia, por sus atrios con alabanzas;…*(Salmos 100:4.)

3. Dentro del templo

- **a.** Cuidémonos de no distraer con ningún ruido la atención de los que en él se encuentran, ni molestemos de ninguna manera.
- **b.** No debes saludar a ninguna persona de lejos, y cuando ha de hacerse, hágase de cerca, tan solo es lícito un solo movimiento de cabeza sin detenerse a conversar. Si saluda a alguien dándole la mano, espera la autorización al ver el gesto o ademanes de la otra persona, nunca se debe dar la mano en forma muy floja o muy apretada, sino en una forma modesta y normal.

4. Ya en el asiento

Al sentarnos, hagámoslo con suavidad y delicadeza, de modo que no caigamos de golpe sobre el asiento; y después que estemos sentados, conservemos una actitud natural y desembarazada sin echar jamás los brazos por detrás del respaldo del asiento ni reclinar en el la cabeza y sin estirar las piernas ni recogerlas demasiado.

Son también actos impropios cuando estamos sentados:

- **a.** Cruzar las piernas.
- **b.** Tornar la cabeza para mirar hacia atrás, a menos que no sea un caso de fuerza mayor.
- **c.** Poner conversación al que le queda al lado, no debemos permitir que lo hagan con nosotros.
- **d.** Apoyarse en el asiento que ocupa otra persona, y aun tocarlo ligeramente con las manos, al igual que mover innecesariamente el cuerpo, cuando se ocupa con otro el asiento común.
- **e.** Extender el brazo por delante de alguna persona, o situarse de modo que se le da la espalda, o hacer cualquiera de estas cosas, cuando es imposible, sin pedir permiso:
- **f.** Fijar detenidamente la vista en una persona.
- **g.** Estornudar, sonarse o toser con fuerza, produciendo ruido desapacible.
- **h.** Reír a carcajadas con frecuencia.
- **i.** Llevarse las manos a la cara, rascarse, hacer sonar las coyunturas de los dedos y jugar con las manos, con una silla o con cualquier otro objeto.
- **j.** Es una falta de respeto a Dios y al lugar en que nos encontramos cuando comemos o bebemos alguna otra cosa que no sea la santa cena (Comunión) en el recinto del templo.
- **k.** En fin, no debemos tomar ninguna posición que da alguna manera des digna de la severa circunspección que debe presidir siempre en el templo a todas nuestras acciones.

5. De pie

Siempre que en sociedad nos hallemos de pie, mantengamos el cuerpo recto y relajado, sin descansarlo nunca de un lado.

Jamás nos quedemos sentados cuando se nos invite que nos pongamos de pie, sea para orar o leer las Sagradas Escrituras, etc. Debemos siempre pararnos cuando la congregación se pone de pie al unísono.

6. Durante la celebración del culto o servicio

Debemos seguir el orden del culto o servicio de acuerdo a como lo presente o practique la congregación; guiándonos por el orden del programa si se nos facilita alguna copia del mismo.

No abandonar el asiento, a menos que se nos solicite o por una extrema e inevitable situación.

No alterar el orden, haciendo ruidos que quiten la comunión a los demás.

7. Visitas

- **a.** Al llevar visitas al templo, debemos tributar las atenciones necesarias a ellos; al presentarse la persona que viene a recibirnos nos dirijamos hacia ella y la saludamos cortes y afablemente, sin adelantarnos nosotros a darle la mano. Luego pasemos al asiento que ella nos indique sin preceder en este acto.
- **b.** Procuremos que las personas que nos visiten, sin excepción alguna, se despidan de nosotros plenamente satisfechas de nuestra manera de recibirlas, tratándolas y obsequiándolas, haciéndoles por nuestra parte agradable todos los momentos que pasan en sociedad con nosotros.

II) SERVICIO O CULTO DEVOCIONAL

Dígase que el devocional es un momento que se escoge para cantar, orar, leer la Santa Biblia y testificar por lo que Dios ha hecho en nuestras vidas. El devocional tanto puede celebrarse en el templo como fuera de él. Cada creyente debe asistir con puntualidad.

- **a.** Durante el momento musical o canto, debemos cantar el himno o la canción completa o como se nos indique en el programa.
- **b.** Nunca debemos adelantarnos a los demás durante el canto o la lectura antifonal; tampoco ser último en terminar, siempre debemos conservar el compás.
- **c.** Nunca debemos empezar a cantar sin que la mayoría haya encontrado el canto en el libro de cantos. (Si aplica.)
- **d.** Al darnos la oportunidad para decir algo, cantar, recitar, ejecutar algún instrumento o hacer alguna otra cosa; antes de proceder, debemos dar un corto saludo a la congregación si es costumbre allí.
- **e.** Debemos siempre abstenernos de predicar un sermón entre estrofas, cuando se nos da la oportunidad para cantar, esto no se aplica al canto combinado.
- **f.** Debemos siempre escoger los himnos o canciones u otras acciones de apropiada a la ocasión.
- **g.** Siempre debemos usar palabras claras y lo mejor pronunciadas posible, cuando estemos en público, o con personas desconocidas.
- **h.** Nunca debemos tomar la parte que nos ofrecen para usar indirectas en contra de personas que sabemos algo de ellas. Tampoco debemos decir historias ni testimonios largos que aburren a los oyentes a modo de cansarles.
- **i.** Nunca leas, o hable tan de prisa que nadie entienda lo que dices.
- **j.** La Palabra de Dios es bendita, nunca pida la bendición por ella.
- **k.** Al depositar la ofrenda en el alfolí, debemos hacerlo de una manera modesta, no haciendo ruido ni movimientos rápidos ni muy lentos, tratar de tenerla a

la mano antes que el oficial o persona encargada pase por su lado…Que no sepa tu izquierda lo que hace tu derecha. S. Mateo 6:3.

l. Debemos prestar siempre suma atención a todo lo que se dice en el templo. Como reverencia a la Palabra de Dios (La Santa Biblia) debemos mantenernos de pie o pararnos si venimos caminando cuando se esté dando lectura a esta, luego continuar la marcha cuando se termina la lectura.

m. Durante la oración por la lectura de la Biblia como por otra cosa, debemos siempre mantener los ojos cerrados hasta que se termine la oración. Nos pondremos de pie si se nos ordena.

n. Cuando se nos pida orar en concierto, debemos hacerlo en un tono de voz que sea oído por todos o la mayoría de los concurrentes; para que así el público sepa cuando se empieza y termina la rogativa.

o. Nunca intentaremos interrumpir a alguien que se encuentra orando o leyendo, a menos que no sea para un asunto urgente, de emergencia o de orden.

p. Como respeto y reconocimiento al pastor, ministro o predicador u orador que ha de presentar el mensaje, sermón, conferencia o charla; debemos ponernos de pie ante su presentación, según lo tenga por costumbre la congregación o sociedad que lo aplica.

q. Durante el mensaje como en todo el culto; no debemos abandonar el asiento a menos que se nos indique o se nos presente una extremada emergencia.

r. Cuando una persona está dirigiendo la palabra, nunca debemos interrumpirle, a menos que se nos pregunte algo o se nos autorice hablar…

s. Tampoco debemos hacer ruido o llamar la atención para que se nos escuche; siempre debemos espera que el culto concluya, así trataremos los asuntos personales en casa o en la calle si son breves, En la mayoría de los templos hay salones y oficinas las cuales se pueden usar para reuniones privadas con el consentimiento de los superiores eclesiásticos. Nunca se deben usar los atrios ni mucho menos el altar para establecer conversaciones personales.

t. Si estás en un salón de clase o de referencias, y el maestro u orador formula alguna pregunta o quiere alguna información; si sabemos la respuesta, en primer lugar debemos levantar la mano derecha, nunca debemos proceder a hablar sin autorización previa.

u. Debemos ser conscientes al querer tomar parte al frente en todos los servicios o actividades de la iglesia.

v. Si tenemos la oportunidad de pasar al frente a tomar parte en medio de la congregación y estamos vestidos con un abrigo, nuestro deber es quitárnoslo antes de pasa al frente. (Esto no aplica cuando la temperatura del salón este muy baja.)

w. Recordemos de nunca formar el hábito de cruzar las piernas cuando estemos sentados en el templo.

III) EL COMPORTAMIENTO DE LOS NIÑOS EN EL TEMPLO

Es en el hogar donde el niño recibe su primera lección educacional, y en las manos de sus padres o tutores esta la responsabilidad de la enseñanza. El templo es la casa de Dios y ahí el niño aprende las cosas espirituales.

La característica de ser una criatura de poca experiencia en la vida, su actitud y conducta novata lo conducen al no saber cuáles son sus deberes como criaturas miembros de una sociedad cuya intensión es el progreso y desarrollo de nuevos prototipos; las puertas de los templos cristianos están abiertas para todos aquellos que quieran instruir sus hijos en el temor a Dios; entrando por sus puertas con acción de gracias y por sus atrios con alabanzas.

1. Antes de salir hacia el templo, los padres deben:

a. Instruir a los niños como deben conducirse en la casa de Dios. Así como o deben hacer cuando salen hacia la escuela o cualquier lugar.

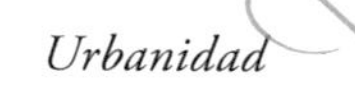

b. Poner a los niños a hacer sus necesidades fisiológicas antes de salir, para que no se vean en la necesidad de hacerlas en el templo.

2. Y en el templo:

a. No permitir que los niños hagan movimientos desordenados.
b. Hay que velar por ellos con autoridad y dominio; corrigiéndolos en forma astuta, sin mentirles.
c. Evitar por todos los medios no hacerle llorar.
d. Como tutores de ello, deben sentarlos siempre a su lado; observando cuidadosamente todos sus movimientos y ademanes.
e. No dejar que ellos corran en el templo.
f. Asegurarse de que aprendieron la lección.
g. Asegurarse de cómo se portan durante el tiempo de su ausencia en el salón de clases; de ser negativo, ellos deben ensenarles cómo comportarse correctamente.

3. El respeto

Los niños deben ser instruidos de tal manera que siempre brinden respeto a las personas mayores; en el templo, en la escuela, en las calles y en todo lugar. Un niño respetuoso y educado es más elegante que una flor marchita.

IV) COMO CONDUCIRNOS EN LAS CASAS DE ESTUDIOS

Es necesario que observemos en la escuela una conducta circunspecta, sin levantar jamás en ella la voz, ni entregarnos a otros pasatiempos que los que nos sean expresamente permitidos, y sin incurrir, en suma, en ninguna falta que pueda hacer recaer sobre nosotros la fea nota de irrespetuosos y descorteses.

Consideremos que nuestros maestros, ocupan el lugar que nuestros padres, y que si en todas las ocasiones les debemos, como ya hemos dicho, amor, obediencia y respeto, en las escuelas tenemos que respetar también en ellos su carácter al igual que el de los directores y otros superiores, tributándoles todas las atenciones que como tales les son debidas.

1. Nuestra Conducta

Nuestra conducta en la escuela debe darnos por resultado, además de instrucción, el amor de nuestros maestros y condiscípulos. No hay afecto más puro que el que sabemos inspirar a nuestros maestros, ni amistad más sólida y duradera que aquella que nace en la escuela, y se fomenta allí mismo con reciprocas muestra de adhesión, lealtad y desprendimiento.

a. Como personas educadas, debemos siempre portarnos bien, cuando nos encontramos en un salón de clases, este o no presente el maestro. De no ser así, es faltar a nuestros deberes.

b. Nunca nos irritemos por las correcciones que nuestros maestros emplean, sean en el caso de aplicarnos; pensemos que ellos no harán nunca esto, sino estimulados por el deseo de nuestro propio bien y proporcionarnos, por el contrario, corresponder a este deseo, mejorando nuestra conducta y llenando fielmente nuestros deberes.

c. No debemos censurar ni criticar sus defectos corporales que creemos haber descubierto en ellos; no debemos ser ingratos con ello, sino deudores, por el bien inestimable que nos hacen ilustrándonos y enseñándonos a ser virtuosos.

2. Relaciones con los condiscípulos

a. Tratemos a todos nuestros compañeros de aula con amistad, consideración y generosidad; y apartémonos de concebir contra ellos mala voluntad cuando nos aventajen en los estudios, o cuando ellos reciban algún mérito de los maestros.

b. El estudiante debe siempre conservar el buen comportamiento y dedicación para alcanzar tales ventajas.

c. Nunca mencionemos en la escuela entre nuestros condiscípulos, las cosas que pasan en nuestra casa, ni en casas ajenas. Nunca hablar cosas desagradables, incluyendo las que le ocurren a nuestros compañeros de estudios, etc.

V) COMO CONDUCIRNOS EN DIFERENTES REUNIONES Y LUGARES PÚBLICOS

La regla es, «Cortesía, buen trato, buen gusto, consideración, comodidad y tranquilidad.»

1. Cuando estemos en un restaurant

a. Cuando un hombre está entrando en un buen restaurant y trae consigo su sombrero, capa o abrigo, lo chequea en una habitación de recibo o closet de recepción. Una dama quizás chequea sus envolturas, paquetes o abrigo; luego, después de haberse chequeado, esperaran a la puerta, hasta que el capitán u oficial de los camareros le señale la mesa que van a ocupar. Si no hay capitán de camareros, el hombre generalmente lo hace complaciendo la dama. Si un hombre esta se encuentra con dos a mas damas, él debe asegurarse que la mayor de ellas se siente a la mesa primero, luego los demás invitados y por último él.

b. Ordenado comidas.
Cuando una pareja sale a comer, el procedimiento después de haber estudiado el menú, es hacer la selección; la dama dice al caballero lo que desea comer; el hombre hace la orden. Si es un banquete, las ordenes mayormente, se hacen por adelantado, separadamente.

Cuando dos damas salen a comer juntas, ellas, han de hacer las selecciones y ordenes individuales; a menos que una de las dos se considere más cortes que la otra.

Una mesa d'hate menú; quiere decir, precio completo por una comida completa. A' la Carta; quiere decir, artículos ordenados separadamente, con un precio separado para cada uno.

c. Pagando el cheque o factura.
Si dos hombres, o dos damas, o un mayor número, están compartiendo una comida, las consecuencias se simplifican si el más diligente le dice al camarero o mozo: "Por favor, haga los cheques por separado."

Cuando son solo hombres o damas almorzando o cenando juntos, y uno dice: "Yo pago", acepte sin excitación.

VI) DENTRO DE LA CASA

La familia es una institución sagrada, cuyo local es la casa o vivienda; es nuestro deber saber las responsabilidades y modos de conducirnos allí; aunque no hay una regla trazada por la cual nos podamos conducir, solamente aquellos establecidos por nuestros padres.

Los sentidos nos enseñan cual es el mejor modo de conducirnos dentro de la casa para obtener la tranquilidad doméstica.

El hogar es la primera escuela de la vida; ahí es en donde el niño aprende a distinguir y a conocer las cosas. Debemos acostumbrarnos, a ordenar nuestros trabajos mentales de tal modo que no nos confundamos, empezando nuestro estudio por la materia más elementales y menos difíciles; destinando horas distintas para los diferentes quehaceres.

La vida es muy corta, y sus instantes corren sin detenerse; así es, que solo economizando tiempo podemos encontrar los medios de que nos alcance para cumplir con nuestros deberes sociales, cívicos y religiosos.

1. El cuidado

El cuidado es esencial para arreglar todos los actos de la vida cotidiana, de modo que en ello haya orden y exactitud, que podamos aprovechar el tiempo, y que no nos hagamos molestos a los demás con las continuas faltas e informalidades que ofrece la conducta del hombre poco cuidadoso.

a. El hombre que no tiene cuidado vive extraño a sus propias cosas y objetos tales como muebles, libros, papeles, vestidos y todo aquello que pueda cambiar fácilmente de lugar y queda oculto, su habitación no ofrece más que un cuadro de confusión y desorden, que causa una desagradable impresión a todos los que lo observan.

b. La falta de métodos nos conduce a cada paso a aumentar el desorden que nos rodea; porque aumentamos los diversos objetos ya en un lugar, ya en otro, preparándonos así nuevas dificultades y mayor pérdida de tiempo.

2. En la mesa de comedor

Cuando nos sentamos a comer, una mesa familiar siempre debe estar bien preparada y limpia; nunca usando muchos colores cuando nos sentamos a comer.

Siempre usando manteles y servilletas bien presentables. Eb algunas casas no se sirve la comida hasta que el jefe de familia no se sienta a la mesa; no comiendo nada hasta después de haber dado gracias a Dios por los alimentos.

a. En la mesa de comedor, como siempre estamos sentados debemos hacerlo lo mejor posible; en una forma natural y relajada.

3. El dormitorio familiar

Nunca debemos olvidar que el dormitorio es un lugar de recogimiento, tranquilidad y esparcimiento; por tanto, siempre debemos evitar el ruido o golpe fuerte, que no lleguen nunca a conmover a los demás. La moral, la decencia y la salud misma nos prescriben estar cuidadosos en nuestro dormitorio.

4. Del acto de acostarnos

a. Al retirarnos a nuestro aposento, debemos despedirnos afectuosamente de las personas de nuestra familia de quienes nos separamos en este acto.

b. Si habitamos con otras personas en un mismo aposento, tendremos gran cuidado de no molestar en nada al acostarnos.

c. Al despojarnos de nuestros vestidos del día para entrar a la cama, procederemos con honesto recato; sin aparecer descubierto ante los demás; la moral, la decencia y la salud misma nos pres criben dormir con algún vestido.

d. La costumbre de levantarse en la noche a satisfacer necesidades corporales, es altamente reprobable; a menos que no sea una emergencia.

e. Cuando seamos huésped en algún lugar, tributemos las debidas atenciones a los que se encuentran en los aposentos vecinos, procurando especialmente no hace ruido, que pueda perturbar su sueño.

f. Puede suceder que ocupemos una habitación alta que pise sobre otra; todo ruido que llegue abajo, todo golpe fuerte nos está prohibido; y nuestras pisadas, que evitemos siempre que nos sea posible, logremos que no lleguen nunca a conmover el piso.

5. Del acto de levantarnos

Es necesario el descanso natural; empero el dormir en exceso o permanecer en la cama fuera de lo normal (Esto no se aplica a personas enfermas) es un mal hábito que perturba el desarrollo físico y a su salud. A las personas que trabajan durante el día, les está permitido permanecer en la cama no más de lo normal. (Ocho horas diarias.)

a. Al despertarnos, como al retirarnos a dormir, nuestro primer pensamiento debe ser consagrado a Dios.
b. Acostumbremos desde niño a arreglar nuestra cama.
c. Si no estamos solos, debemos saludar en seguida a aquellos que ya estén despiertos.
d. Nunca nos levantemos de mal humor; esto es un signo de mal carácter. Para el individuo bien educado, no hay ningún momento en que se crea relevado del deber de ser afable y cortes.
e. Como al acostarnos; al levantarnos debemos conservar el mismo cuidado, no turbaremos de su sueño con ningún ruido, ni abriremos puertas o ventanas de modo que el aire penetre hasta la cama delas personas que nos acompañan.
f. No salgamos nunca de nuestro aposento o recamara sin estar perfectamente vestidos.

VII) DEL MODO DE CONDUCIRNOS EN LA CALLE

CONSIDERACIÓN Y CONSUELO es la mejor clase de etiqueta cuando estamos en público. Debemos siempre ofrecer alguna cortesía a extraños. Un hombre es conocido

como un caballero y una mujer es conocida como una dama cuando ellos actúan siempre desinteresadamente.

Conduzcámonos en la calle con gran circunspección y decoro, y tributemos las debidas atenciones a las personas que en ella encontremos, sacrificando cada vez que sea necesario, nuestra comodidad a la de los demás.

1. Saludos

a. Debemos un saludo, o por lo menos una inclinación de la cabeza, a las personas que encontrándose detenidas se abren paso para dejarnos libre el lugar por donde vamos caminando, haciéndonos más cómodo el paso por medio de ellas.

b. Para quitarnos o tocarnos el sombrero, para todos los demás movimientos de cortesía en que hayamos de usar la mano, empleemos siempre la derecha.

c. No saludemos nunca desde lejos a ninguna persona con quien no tengamos una íntima confianza; y cuando según esto podemos hacerlo, limitándonos para ello a un movimiento de la mano.

2. Caminando

a. Nuestras pisadas deben ser normales y nuestros pasos proporcionado a nuestra estatura; solo personas sin educación hacen sonar los tacos fuertemente o pisan tan fuerte que quieren mover el piso con sus pisadas al caminar.

b. Nuestro paso no debe ser ordinariamente ni muy lento, ni muy precipitado; y los movimientos de nuestro cuerpo deben ser naturales.

3. Mirando

a. No nos acerquemos nunca a las ventanas de una casa, con el objeto de dirigir nuestra mirada hacia adentro, a menos que una persona de confianza nos lo solicite.

b. No fijemos detenidamente la vista en las personas que encontramos, ni en las que se hallen en sus ventanas, ni volvamos la cara para mirar a las que ya hemos pasado.

4. Deteniéndonos

a. No está permitido el detener a una persona en la calle, sino en el caso de una grave urgencia. Podemos, sin embargo, detener a un amigo de circunstancias análogas a las nuestras, aunque no tengamos para ello un objeto importante; pero guardémonos de hacerlo en relación a aquellos que viven rodeados de ocupaciones, y de los que por el paso que llevan, debemos suponer que andan en negocios urgentes.
b. Una vez detenidas dos personas, toda a la más caracterizada adelantar la despedida; más, si se han detenido tres, no hay inconveniente para que se separe la menos caracterizada.
c. Jamás pasemos por en medio de dos o más personas que se hayan detenido a conversar; y en caso de que esto sea absolutamente inevitable, pidamos cortésmente permiso para hacerlo.
d. Las personas que se encuentren detenidas, evitaran por su parte que el que se acerca llegue a solicitar permiso para pasar, ofreciéndole de antemano el necesario espacio.

5. En la acera

a. Cuando se encuentran dos personas conocidas, la regla es que conserve la acera el que la tiene a su derecha.
b. Debemos siempre dar el lugar más cómodo de la acera a una dama o a una persona distinguida; cuando caminemos junto a ellas.

6. Actos en la calle

a. Al pasar por una iglesia, debemos hacerlo con reverencia y respeto.

b. Tributemos un respeto profundo a los actos religiosos, cívicos, políticos, sociales y culturales que se celebren en la calle; tengamos siempre muy presente que una persona culta y bien educada, no toma jamás parte en los desórdenes, los cuales son una falta, no solo a los deberes que la religión y la moral nos enseñan; sino a la consideración que se debe a las personas que a ellas asisten.

7. Reglas misceláneas

a. Cuando un caballero va acompañado de dos o más damas, el siempre ocupará el lugar del centro. (Esto es un asunto de costumbre iberoamericana.)

b. Entrando o saliendo de un automóvil, el caballero siempre ha de tener cortesía con la(s) dama(s). —Cuando entran al automóvil, las damas primero, cuando salen del automóvil, el caballero primero, siempre abriéndole la puerta a las damas.

c. A continuación algunos lugares y vehículos cuando la(s) dama(s) entra(n) primero:

- Autobús
- En un tren
- Elevador en un edificio
- Escalera eléctrica que sube
- Escalones que suben
- Saliendo de una función pública
- En un taxi u otro tipo de transporte público

Hay algunas acepciones, cuando hay una gran multitud en los diferentes lugares; a veces es todo lo contrario, el hombre es quien tiene que entrar primero.

TERCERA PARTE

ETIQUETA MODERADA

TERCERA PARTE
ETIQUETA MODERADA

(Etiquete)

Como personas sociables debemos siempre acordarnos del buen trato para con los demás individuos y nosotros mismos, no como un cumplimiento, sino como un deber humano en la vida privada; la solemnidad en nuestro trato con los demás nos pone en un nivel elevado en la sociedad en que vivimos; no dejamos de ser buenos cristianos cuando cumplimos con las leyes sociales sin apartarnos de las leyes sagradas, las cuales están dictadas en la Santa Biblia.

No hay conflicto entre la sociedad y la religión, siempre y cuando demos mayor prioridad a las normas sagradas, el sabio Salomón dijo en una ocasión: "*Todo tiene su tiempo y todo tiene su hora…*" (Eclesiastés 3:1).

Nunca debemos desunir los deberes morales del hombre de la religión, ambos son para el género humano, y por tanto; de acuerdo al tiempo y la ocasión debemos practicar las cosas buenas que se nos presentan en la vida privada, sin abrogar las leyes de la moralidad y de la religión sin mancha.

Hablemos ahora de la vanidad: "*Vanidad de vanidad, dijo el predicador, todo es vanidad"…* ((Eclesiastés 1:2). Todo lo que no proviene de Dios sino del hombre, es vanidad, incluyendo los falsos ademanes, la lujuria y las muchas palabrerías.

Podemos ser atentos, vestir bien, comer adecuadamente y ser sociables sin ser vanidosos, la vanidad es como el orgullo, que solo busca lo suyo, una etiqueta moderada trata los actos humanos realizados racional y libremente, con ausencia de todo impedimento o coacciones extrañas. Psicólogos y moralistas determinan y consideran que la acción humana es sometida a leyes mecánicas necesarias. La autodisciplina externa y antinatural a menudo no es sino un flagelo para un corazón intranquilo y hambriento que trata de dominar las cosas malas.

Los individuos así tristes, llevan una vida de tensión: Son escrupulosos en exceso y mezquinos; mojigatos hasta el punto de la morbosidad; se conmueven fácilmente y son presurosos para criticar a otros; tienen temor de reír; no sea que lleguen a ser culpables de trivialidad.

—Hay un camino mejor. Mediante el quebrantamiento y la purificación, tal persona entra a un ajuste pleno y feliz, puede reposar, respirar libremente, actuar naturalmente y conducirse como un ser humano normal.

Lo natural es más puro que lo artificial. Mientras más naturales son nuestros actos, más pura es nuestra etiqueta. La moderación de la etiqueta es basada en la pureza de nuestros actos y cosas.

Lo contrario de lo natural es lo artificial; por lo tanto el ser humano refinado tiende más a buscar lo natural que lo artificial.

Lo natural es práctico, entre tanto que lo artificial es mecánico.

Una etiqueta moderada es aquella que mantiene un control prudente de los actos y cosas que hace la naturaleza humana.

Estamos viviendo en la era cibernética y en esta época, como es natural, no se vive como en las épocas moderna y contemporánea, porque al través de los tiempos las cosas cambian y evolucionan, tales como la moda y ahora con más rapidez debido a la competencia; lo importantes que como personas civilizadas nos ajustamos a los cambios, vistiendo y usando los accesorios domésticos de acuerdo a la ocasión en una forma moderada sin exageración.

En términos generales; una etiqueta moderada es aquella que practican los individuos con sus buenos actos, usando sus vestidos y accesorios con moderación y excelencia y cuidando de su persona y cosas con modestia.

I) Personalidad

La personalidad es el reflejo o la interpretación de su yo interno, de cara a cara a los demás. Es lo íntimo de todo individuo, el resultado de todas las reacciones expresadas en su vida diaria, en el hogar, la escuela, el trabajo, la calle, etc. La personalidad se refiere a la persona total.

El sistema de valores es el conjunto de actitudes que una persona tiene frente a la vida, comprendiendo sus principios morales y creencias.

Todo individuo tiene su propia filosofía de la vida y sus propios valores, que son el resultado de experiencias anteriores, especialmente de aquellas que más le han afectado y enseñado, experiencias que son el origen de los sentimientos íntimos y de las creencias.

La herencia biológica y el medio ambiente son las fuerzas más importantes que determinan las diferencias de personalidad; este es un factor esencial en la determinación de muchos caracteres físicos. El peso, la estatura, el cuerpo entero forma la base física de la personalidad.

Relacionado con la personalidad está el sistema glandular, que influye en las funciones del organismo. El cuerpo humano es un organismo complejo y de todas las partes de él, el cerebro es la más complicada; recibe las impresiones de los sentidos y transmite las órdenes que ponen en funcionamiento los músculos.

Algunas características de la personalidad son las siguientes:

- Aspecto físico
- Arreglo personal
- Porte y manera de comportarse
- Iniciativa e interés
- Expresión verbal
- Aspecto agradable
- Capacidad individual
- Estabilidad emocional
- Aptitudes personales
- Entusiasmo

II) Introducciones

Cuando Usted hace una introducción, Usted le está facilitando el conocerse a ambas personas.

Haga todas sus introducciones lo más sencilla posible.

A continuación ofrecemos algunas sugerencias de como introducir personas:

a. El nombre de la persona a quien se le hace la presentación hay que mencionarlo primero.

b. A la persona joven le corresponde primero introducir a una mayor.

c. Tratándose de una persona distinguida la cual posee un título, se debe mencionar el título y el nombre, por ejemplo: "Doctor Pérez, le presento al Señor González", una regla de etiqueta es mencionar a la mujer primero: "Señora González, le presento al Señor Díaz."

d. Cuando se presentan dos mujeres o a dos hombres de la misma edad, cualquiera de los dos se puede mencionar primero.

e. Cuando Usted introduce a un grupo, no mencione las edades, solo los apellidos: "Señor López, le presento al Señor Obando, Señor Ruiz…etc." Hasta presentarlos a todos. En una reunión grande no es necesario presentar a todos los invitados; solamente a todos los que asistan primero, a los invitados de honor y a los parientes; al resto de los invitados se les dirá: ¿Cómo estás? Soy Miguel Román.

f. Los jóvenes que introducen sus condiscípulos a sus padres deberán hacerlo de la manera siguiente: "Madre y padre, quiero que conozcan a José y a Pedro."

g. Cuando Usted introduce a un pariente, haga claro su parentesco, por ejemplo: "Le presento a mi primo, tío, tía, etc.

h. Si creen que dos personas se conocen de antemano, pero Usted no está seguro (ra), no se lo presente; solamente introdúzcalos y deje que los asuntos

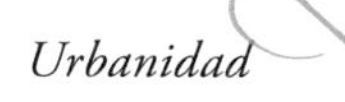

tomen su curso. Si quieres decir algunas palabras de interés: señor Fuentes, le presento a la señorita Carrión; quizás tienen mucho de qué hablar, pues la señorita Carrión es una aficionada a la colección de estampillas de correos.

i. Un saludo de mano es propio en una introducción personal, pero si la persona a que se introduce no extiende la mano, un saludo con la cabeza es suficiente, haga todas la introducciones lo más simple posible.

III) La cortesía

La elegancia de los buenos modales hace notar la etiqueta de la cortesía y el buen trato. En el trato personal, la amabilidad siempre debe nacer del espíritu para ser autentica, los anfitriones más elegantes violan constantemente las reglas de la etiqueta, sin pensarlos dos veces, si al hacerlo así educar los modales, debe ser el objeto de todas nuestras relaciones sociales.

Reglas de cortesía:

a. Como personas amables, debemos respetar las fronteras de privacidad, tanto de nuestras amistades como las de nuestros familiares. —No tocar sin el previo permiso los objetos personales, tales como adornos, medias, abrir correspondencias ajenas, etc. No rebuscar en los efectos personales de otras personas.

b. En casa deben respetarse las puertas cerradas; llame y espere la contestación antes de entrar.

c. Nuestros buenos modos constituyen nuestra conducta habitual en público.

d. Para perfeccionar los modales en público, debemos obedecer las siguientes reglas: Pórtese con los demás como quiere que se porten con Usted.

e. Sea puntual.

f. Sea atento(a).

g. Sea cuidadoso(a).

IV) El factor tiempo

Una de las provisiones que el Creador dio al hombre es el factor tiempo, el cual debemos aprovechar y saberlo administrar; debemos aprender a respetar los límites del tiempo.

Todo tiene su tiempo, y todo lo que se quiere debajo del cielo, tiene su hora. Tiempo de nacer, y tiempo de morir; tiempo de plantar, y tiempo de arrancar lo plantado; tiempo de matar, y tiempo de curar; tiempo de destruir, y tiempo de edificar; tiempo de llorar, y tiempo de reír; tiempo de endechar, y tiempo de bailar; tiempo de esparcir piedras, y tiempo de juntar piedras; tiempo de abrazar, y tiempo de abstenerse de abrazar; tiempo de buscar, y tiempo de perder; tiempo de guardar, y tiempo de desechar; tiempo de romper y tiempo de coser; tiempo de callar, y tiempo de hablar; tiempo de amar, y tiempo de aborrecer; tiempo de guerra, y tiempo de paz. (Eclesiastés 3:1-8.)

Si Usted quiere llegar a ser una persona disciplinada, tiene que decidir que, sin importar cuales hayan sido sus prácticas anteriores, jamás tratará de quitar la etiqueta del tiempo y del sitio que le corresponde.

Todas las responsabilidades de la vida, tienen una etiqueta que indica tiempo.

V) La puntualidad

Una persona que cultiva la puntualidad es una persona inteligente, es mejor decir: "Más vale nunca tarde," que: "Más vale tarde que nunca."

Si tenemos el hábito de la puntualidad estaremos más alerta en cuanto a las obligaciones de la vida.

Sea puntual; llegar tarde es un mal hábito que corrompe las buenas costumbres.

La puntualidad es una de las trivialidades ciertamente grande en la vida, llegar a tiempo es también un buen hábito el cual se logra obedeciendo las siguientes reglas:

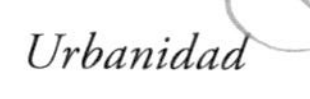

a. Tener presente la cortesía, es una norma de ética.
b. Planificar anticipadamente para saber dónde y a qué hora debe estar en cierto lugar, sin olvidar los compromisos.
c. Debemos saber administrar el tiempo.
d. Debemos llevar alguna clase de diario, calendario o agenda, para anotar todos los compromisos y datos importantes; tales como tipo de transportación a usar como llegar; horas, fechas, actividades, pagos, etc. (Estos elementos se deben consultar frecuentemente.)
e. Debemos eliminar lo superfluo, para tener tiempo suficiente para cumplir con los compromisos más adecuadamente.
f. Mirar hacia adelante y empezar a tiempo, son buenas estrategias.
g. No vivir una vida de excitación y jadeo con los nervios crispados; para no morir de ulcera antes de los cincuenta años; alguien dijo que es mejor "estar de prisa, que estar apurado."
h. Si no damos tiempo a la ociosidad, podremos depender de más tiempo para entender los compromisos en forma calmada y puntual.

VI) De viaje

Cuando viajes en avión, barco, carro, tren o autobús; asegúrese de que lleva consigo sus buenos modales.

a. Cuídese que su equipaje no sobresalga, molestando a los demás; especialmente en los viajes cortos.
b. Si ocupa dos o más asientos porque anda con muchos paquetes; trate de quitarlos lo más rápido posible si alguien se quiere sentar.
c. Guarde bien todo objeto costoso.
d. Asegúrese que su cartera o monedero está seguro.

e. Si utiliza los servicios de un maletero durante el viaje, no dejes de darle una propina.

f. Si vas a viajar en automóvil, debes observar la cortesía de la carretera, no es solo un aspecto de su educación social, sino un asunto de vital importancia; tanto el conductor como los pasajeros, tienen obligaciones unos con otros.

VII) La glotonería

Comer no es pecado, empero la glotonería si lo es; este es un mal hábito que pone en juego la salud y el dominio propio. Es mejor comer para vivir y no vivir para comer.

La persona que habitualmente se complace a sí misma en la comida y la bebida, sin tener en cuenta la salud ni la necesidad, es propensa a ser débil y está expuesta en otras fases de la vida.

El glotón, es flaco y débil en aspecto de voluntad.

Debemos comer gustosamente y con regocijo, pero debemos saber qué es lo que nos conviene comer y cuando, y permitir que el dominio propio nos detenga. ¡Domine la glotonería!

VIII) Comunicación por teléfono

En este renglón no intentamos cubrir toda la ética que debemos usar cuando estamos en el teléfono, empero si tomaremos en cuenta los siguientes puntos:

a. Al contestar el teléfono debemos hacerlo en una forma cortes y amable, identificándonos si estamos usando un teléfono personal o identificar la empresa si es un teléfono privado; luego esperar que la otra persona hable; siempre conservándonos amables y cortes.

b. Al llamar por el teléfono, debemos usar el mismo grado de amabilidad y cortesía que al contestar; siempre identificándonos, al igual que la compañía que representamos, (Si alguna.)

c. Nunca debemos hablar por largo rato en el aparato telefónico, a menos que no sea un caso de fuerza mayor.

d. Recordemos el verso que dice: "La mucha palabrería es vanidad." Conservar el control y el buen conversaciones, es enriquecer nuestras buenas costumbres.

IX) Aseo personal

Un cuerpo limpio, pulcramente vestido, es la regla básica para una vida agradable y una buena salud.

El aseo personal es el baño y la ducha diaria, lo cual evita olores desagradables. Si suda con mucha frecuencia, procure cambiarse de ropa y usar desodorante para las exilas; el aspecto de la piel es una de las cosas que más llama la atención de la gente; su estado refleja el estado de salud; en varios casos se aconseja asearse el cuerpo con jabón suave, para evitar el sucio.

X) El vestir

Existe una variedad de formas de vestir:

- Ropa de estudiantes.
- Ropa de gala.
- Ropa de fiesta.
- Ropa de deporte.
- Ropa de sport (Veraniega.)
- Ropa de diario.
- Ropa de uniformes.
- Ropa de negocios (Empresarial)
- Ropa de casa.
- Los abrigos, etc.

Para elegir la ropa adecuada, debe Usted conocer su tipo, también debe tener en cuenta, peso, las proporciones y contornos faciales, la línea, el diseño, hechura, colorido y tela.

Los defectos pueden señalarse por no saber elegir el vestido o traje apropiado.

Hay tres clases de estilos de vestir:

- Vestir a la moda.
- Vestir formal.
- Vestir informal.

Después de la segunda guerra mundial el vestir a la moda varia cada estación o cada año, costumbre que ha traído revolución al vestir, en segundo lugar el vestir es una costumbre muy remota, nuestros antepasados usaban más la formalidad que la presente generación, lamentablemente estamos viviendo en un mundo de informalidades.

Lo importante no es vestir a la moda, ser formal o informal; sino saber vestir, de acuerdo a la variedad de formas de vestir adaptándola a la ocasión, aunque por otro lado está a la moda, la formalidad y la informalidad.

En cuanto al cuidado de nuestras ropas, debemos conservarlas limpias, la limpieza es un prerrequisito básico en el cuidado de la ropa; trate de que esté limpia antes de ponérsela; la duración y el aspecto de su ropa dependen, en cierto modo, de los cuidados que Usted le brinda.

Es bueno dejar descansar durante cierto tiempo nuestra ropa; aunque solo tengamos dos o tres, piezas, debemos ponérnosla alternadamente.

A continuación alguna sugerencias que le servirán de provecho:

a. Asegúrese de que sus ropas son guardadas en un guardarropa limpio.
b. Cuelgue siempre su ropa en una percha.
c. Cepille la ropa de lana con frecuencia.
d. Póngase la camisa limpia todos los días.
e. Cámbiese la ropa interior diariamente.
f. Mantenga el sombrero limpio, cepillándolo con frecuencia.

g. Deje los bolsillos vacíos.
h. Cuelgue la ropa al aire libre durante la noche.
i. Tenga ropa limpia y planchada siempre que sea necesario.
j. Lave las medias y ropa interior frecuentemente.
k. Arregle en seguida los defectos.
l. Coloque las cosas ordenadamente en el guarda ropa.
m. Guarde en un gavetero los guantes, medias, pañuelos, ropa interior y el resto de sus prendas.

XI) Las manos

Desde niño nos enseñan a mantener las manos tranquilas.

Acostúmbrese a sentirlas sueltas a su lado, y vea si eso no aumenta su sentido de aplomo. No permita que las manos lo tiranicen mediante el constante e incesante movimiento, como si estuviera golpeando o haciendo sonar los nudillos de los dados.

Salude con las manos firmes y cordialmente, es un mal hábito hablar tocando con las manos a las personas.

Las manos son las partes del cuerpo por la cual transmitimos más microbios al cuerpo; por tanto tenemos que estarla lavando constantemente, antes y después de tomar alimento, antes y después de ir al cuarto de servicio sanitario, al ensuciarlas con cualquier objeto, etc.

La forma más correcta de lavarnos las manos es usando agua y jabón corriente, también podemos usar el jabón líquido para las manos u otro detergente y luego secárnosla con una toalla limpia.

Recordemos mantener siempre nuestras uñas lo más limpia posible.

XII) Los ojos

Practique el mirar a la persona con la cual está hablando o a la cual esté oyendo.

Siempre debemos no mirar más allá de los límites con las personas con la cual conversamos o hablamos. Por supuesto, evite avergonzar a las personas al quedarse mirándolas; no hay nada más desconcertante que una mirada fija y solemne.

Mantenga sus ojos en cordial amistad, trabajando en conjunto con su voz y su mente. Evite las miradas ociosas. Cuando este en una reunión en público, prepárese para mantener los ojos con naturalidad en el que habla. La buena vista es un don inapreciable y debe conservarse sometiéndola a exámenes periódicos. El cuidado diario de los ojos incluye medidas tan sencillas como mirar a distancia, cerrar los ojos de vez en cuando y leer con luz suficiente, especialmente la luz natural.

XIII) El Cabello y la cabeza

Su cabello es el marco natural de su rostro. Limpio y bien peinado, puede añadir el último toque a su arreglo. El Cabello, como la cara, está casi constantemente en contacto con los elementos. Para ir bien arreglado, hay que cuidarlo adecuadamente.

Para el hombre, el corte del pelo debe elegirse de acuerdo con la forma de la cabeza y de la cara, también dependerá del cuerpo del pelo, de su abundancia y de la forma en que crezca.

La cabeza debe lavarse con frecuencia. El cuero cabelludo, frecuentemente posee gran número de folículos pilosos y glándulas sebáceas sudoríparas.

La frecuencia con que se debe lavarse la cabeza depende del tipo de pelo y cuero cabelludo y actividad que Usted haga; los que se dedican a deportes duros y actividades pesadas, tienen necesidad de lavársela con más frecuencia, pero otros, probablemente dos veces a la semana o semanalmente.

Es aconsejable cepillarse el pelo diariamente con un cepillo suave. Ello contribuye a evitar la caída del pelo y darle una apariencia mejor y más brillante al pelo.

El cuidado del pelo también implica el uso de un buen shampoo, crema, brillantina, grasas y diversidad de tónicos especialmente, después de usar un champú que diluya las grasas naturales, todo cosmético para el pelo debe usarse juiciosamente.

El arreglo del cabello debe llevarse a cabo en todo momento, excepto en reuniones sociales.

XIV) La boca y la dentadura

Casi todos hemos sido educados en el cuidado de la dentadura, con la frase siguiente: 'HAY QUE IR AL DENTISTA DOS VECES AL AÑO." Y debemos cepillarnos los dientes por lo menos tres veces al día.

En diversos países han hecho grandes campañas de higiene dental. El cuidado de los dientes es muy importante. Tanto la dieta adecuada como la limpieza diaria, previenen contra múltiples enfermedades.

Algunos vegetales y condimentos, suelen causar mal aliento, que los demás notan rápidamente; estos olores pueden evitarse cepillándose los dientes y enjuagándose la boca; la gente que suele tener mal aliento a causa de la salud o de tener los dientes careados, debe consultar al dentista. El mal aliento y los malos olores corporales son un gran impedimento en las relaciones sociales y comerciales.

XV) Los oídos

Los oídos requieren atenciones y cuidados regulares. No se introduzca en ellos objetos punzantes.

Una persona cuidadosa, siempre mantiene sus oídos limpios sin cerumen ni sucio.

Cuidando con limpiarse los oídos en medio de una reunión o al frente de personas a que no son del patio, esto no es permitido.

XVI) Los pies

El arrastrar los pies y la habitual postura desagradable dan a la gente el vago e incómodo sentimiento de que su mente también se arrastra.

Póngase de pie con gracia y modestia, también camine y siéntese con gracia y modestia y luego en su sonrisa se reflejara una gracia.

El caminar inclinando la cabeza hacia adelante, estropea la simetría y la belleza de la figura, también hace más difícil el andar.

Para evitar molestia en los pies, use zapatos y calcetines lo más cómodos posible, ya que los pies siempre están enfundados. Las molestias en los pies suelen causar dolor en otras partes del cuerpo y obligar a posturas forzadas.

El cuidado de los pies es de máxima importancia para las personas que pasan el día de pie. A continuación diez reglas dadas por una importante organización de la salud pública:

- **a.** Lávese los pies todos los días, séqueselo bien y póngase polvos talco.
- **b.** Córtese las uñas rectas.
- **c.** Mantenga la flexibilidad de sus pies y músculos de piernas con ejercicios apropiados.
- **d.** Manténgalos secos; si se le humedecen por el sudor o la lluvia, cámbiese de zapatos y calcetines todos los días.
- **e.** Adopte una posición correcta, y de a sus pies un soporte adecuado.
- **f.** No desatienda su cuidado.
- **g.** Si sus pies necesitan atenciones especiales, consulte un pedicuro o un podiatra.

h. Al caminar debemos hacerlo con moderación sin sonar los tacos de los zapatos o arrastrar los pies.

XVII) El calzado

Debemos usar el calzado de acuerdo a la ocasión y circunstancias en que nos encontremos, manteniéndolos siempre limpios y aquellos que no estamos usando, debemos colocarlos en un mismo lugar, no dejándolos en cualquier lugar o amontonándolos en el piso; esto muestra un acto de abandono y descuido.

Lleve siempre los zapatos lustrados, el betún conserva el cuero y lo protege contra los elementos, además de darle un aspecto cuidadoso.

No debemos ponernos los zapatos con los pies húmedos o mojados. Cámbiese de zapatos y calcetines todos los días en cuanto pueda.

Asegúrese de que lleva el número de zapato y calcetín que le corresponde.

Elija el zapato que debe usar de acuerdo a la ocasión:

a. En casa, siempre debemos usar sandalias, nunca salgamos de la casa descalzo.

b. De campo o de compras; debemos usar siempre calzados resistentes y cómodos.

c. De deporte, hay una gran variedad de calzados y calcetines, los cuales debemos usar de acuerdo a la clase de deporte que vamos a practicar; los calzados de goma adaptables (Tenis) son los más adecuados para este uso.

d. De reuniones de fiestas, nunca debemos usar sandalias o calcetines de goma, el calzado debe ser siempre modesto, nunca debemos quitarnos el calzado en medio de una reunión o fiesta; a menos que no sea por causa de fuerza extremadamente necesaria.

XVIII) Visitación

Para cultivar la amistad debemos recordar dos cosas; “las visitas” y el versículo Bíblico que dice: “Mejor es dar que recibir.”

Por medio de las visitas, manifestamos a nuestros amigos, cuan grato es para nosotros verlos y tratarlos, tomando parte así en los momentos agradables, en sus conflictos y tribulaciones, y el agradecimiento que nos inspiran sus atenciones y servicios.

A continuación algunos motivos que deben tener nuestras visitas oportunas a nuestros amigos:

- **a.** Para expresarles nuestro sentimiento cuando hayan experimentados algún accidente, enfermedad, muerte en la familia o por cualquier otro motivo en que se encuentren bajo la impresión del dolor.
- **b.** Para felicitarlos por algún acontecimiento feliz que entre ellos ocurra.
- **c.** Para despedirnos de ellos cuando nos ausentemos del lugar en que nos encontramos.
- **d.** Para cumplir con los compromisos religiosos o de negocios.
- **e.** Para expresarles nuestro agradecimiento por cualquier demostración importante de amistad que de ellos hayamos recibidos.
- **f.** Para tener el gusto de verlos, aun cuando no sean ninguna de las ocasiones aquí mencionadas.

1. Cuando visitamos:

- **a.** No entremos nunca en una casa, sin tocar o llamar previamente, quitándonos el sombrero a la puerta (Si aplica.)
- **b.** Después de haber sido informados de la persona que vamos a visitar, si nos puede recibir, daremos nuestro nombre a la persona que nos va a anunciar y entraremos a la habitación que se nos designe, en donde aguardaremos hasta que ella se presente a recibirnos; durante este espacio de tiempo,

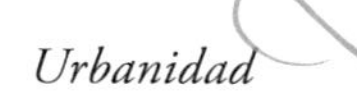

permaneceremos sentados a la mayor distancia posible de los lugares donde hayan libros o papeles, de manera que nuestra vista no pueda dirigirse a ninguno de los lugares interiores del edificio.

c. Al entrar la persona que visitamos, nos pondremos de pie, y no tomaremos asiento hasta que ella no lo haga, o nos lo pida; también nos pondremos de pie al despedirse otra visita y así permaneceremos hasta que haya terminado el acto de su despedida; las damas no se ponen de pie, sino cuando entran o se despiden otras señoras.

d. Cuando la persona que vayamos a visitar se encuentre en la sala de recibo con otras personas, al presentarnos, nosotros haremos una cortesía a todos los presentes.

e. Nuestras palabras y acciones, deben estar siempre en armonía con el grado de amistad que nos una a las personas que visitamos, y adaptémonos prudente y delicadamente a la naturaleza de la visita que hacemos.

f. Si la persona que visitamos fuere para nosotros muy respetable y nos invitare a sentarnos a su lado, lo haremos después de habérselo rehusado por una vez. Conviene saber que el lugar más honorifico en una casa es el lado derecho de los dueños de ella, y preferentemente el de la señora.

g. Cuando nos encontremos a solas con una persona muy superior a nosotros a quien estamos haciendo visita, y llegue otra persona que sea también para nosotros muy respetable, nos retiraremos inmediatamente, aprovechando el momento en que estemos de pie y al entrar la nueva visita.

h. Nuestras visitas a las personas con quien no tengamos confianza, deben ser siempre de corta duración; de tal modo cuando visitamos un enfermo.

i. También nos retiraremos inmediatamente de una visita, cuando entrare otra persona y notamos de algún modo que los dueños de la casa desean quedarse a solas con ella.

j. Al terminar nuestra visita, una vez puestos de pie para despedirnos de los dueños de la casa, saludaremos cortésmente a los demás presentes, retirándonos en seguida, sin entrar ya en ninguna especie de conversación.

Recibiendo visitas

a. Cuando se nos anuncie una visita y no nos encontramos en la sala de recibo, no nos hagamos esperar sino por muy breves instantes a menos que una causa legítima nos obligue a detenernos un rato, lo cual haremos participar a aquella inmediatamente, a fin de que nuestra tardanza no la induzca a creerse desatendida.

b. Procuremos que las personas que nos visiten, sin excepción alguna, se despidan de nosotros plenamente satisfechas de nuestra manera de recibirlas, tratándolas y obsequiarlas, haciéndole por nuestra parte agradable todos los momentos que pasan en sociedad con nosotros.

c. Cuando nos encontremos en la sala de recibo al llegar una persona de visita, le ofreceremos siempre asiento inmediatamente después de haberle correspondido el saludo.

d. Cuando seamos visitados en momentos que nos encontremos afectados por algún accidente, dominemos nuestro ánimo y que nuestro semblante, siempre se muestre afable y jovial.

e. Al retirarse una persona de nuestra casa, la acompañaremos hasta la puerta.

f. La persona que acompaña a otra que se despide, cuidara de ir siempre a su izquierda; y si son dos personas acompañantes, se situara una a su izquierda y otra a su derecha.

g. En todos los casos en que hayamos de acompañar hasta la puerta a una persona que se despide podemos el obsequio, bien por respeto o por cariño, de

seguir con ella hasta la puerta de la calle. Respeto de una señora o cualquier otra persona muy superior a nosotros, este acto es siempre imprescindible.

Visitando una persona enferma

Cuando visitamos una persona enferma o accidentada que se encuentre recluida en un hospital, iremos a visitarle con el objeto de brindarle cariño y atención; cuando una persona no puede recibir visitas es quizás mejor enviarle un pequeño regalo o una tarjeta para enfermos y posponer las llamadas hasta que ella (el) este bien otra vez. Recuerde siempre estas reglas:

a. Cuando el paciente está en hogar, primero averigüemos cual es la hora de comida y de dormida, de ese modo no llegamos inoportunamente.
b. Si el paciente está en el hospital, debemos observar las horas de visita.
c. La mejor hora para visitar es a media mañana o temprano en la tarde.
d. Nunca estemos mucho tiempo en una habitación de enfermo, la mera presencia de la visita puede turbar el paciente.
e. Nunca llevemos amigos extraños o no conocidos por el paciente a su recamara; si un amigo le acompaña, solicítele que espere en otra habitación hasta su corta visita.
f. El fumar debe evitarse aunque sea permitido, en estos tiempos la mayoría de los hospitales no permiten fumar dentro de ellos.
g. Cuando llama por teléfono a un paciente, mantenga la conversación placentera.
h. No le pregunte por la descripción de su enfermedad, operación, medicinas o tarifa de hospital.
i. Comida o dulces no deben ser llevados a una persona enferma sin consultar u obtener el permiso previo de los familiares del paciente o la morsa o enfermera en un hospital.

- **j.** Un cuarto de enfermo no es lugar para niños pequeños o animales (Si no es pediatría u hospital de animales.) Si le es permitido traer uno o ambos, haga arreglos con los familiares del paciente.

XIX) El arte de hablar en público

A continuación les brindamos una lista de algunos asuntos que debemos tener en cuenta cuando tengamos que hablar en público; reconociendo que debemos hacerlo de la mejor manera posible para agradar a los oyentes.

1. Cuidados y preparación

- **a.** Conservar la calma, controlando la tensión nerviosa.
- **b.** Practicar a solas en su propio cuarto su mensaje.
- **c.** Vestirse de la manera mejor posible y de acuerdo a la ocasión.
- **d.** Hacerse cargo del ambiente del auditorio, no el auditorio de Usted.
- **e.** Hacer pausas no muy largas.
- **f.** No fijar la vista a una sola persona, sino mirar a todas las personas que estén a su alcance.
- **g.** No dar golpes a ningún objeto.
- **h.** Hacer sentir bien las palabras clave, tales como Dios, paz, amor, justicia, poder, etc.
- **i.** Pronunciar bien las letras “s”, “c”, “z”. Poniendo el mayor cuidado en colocarlas donde no van.
- **j.** Pronunciar claramente cada palabra.
- **k.** Expresar los pensamientos en forma sencilla y clara, trate de usar frases cortas.
- **l.** Su tono de voz no debe ser muy alto ni muy bajo, y las palabras o frases no deben pronunciarse muy lentas para que los oyentes comprendan.
- **m.** Recuerde: ¡Piense antes de hablar!

n. Una persona no solamente habla con su boca, sino también con los movimientos del cuerpo, especialmente con las manos, los brazos y la cabeza. Nunca olvide el buen control y manejo de las manos.

o. Si tienes un libro o papel en la mano mientras habla y quieres hacer ademanes; este debe sujetarse con la mano izquierda para tener mayor libertad para los ademanes de mano; exprese las ideas de grandeza extendiendo las manos.

p. Recuerde: Al abrir la boca, para hablar bien en público hay que relajar las mandíbulas o maxilar inferior; el ejercicio es bueno para acostumbrarse a relajarla.

q. Desarrolle la flexibilidad de los labios; practicando con la palabra "sopa."

r. Desarrolle la resonación nasal; lo puede practicar pronunciando las palabras que terminan en "ando", y "endo" como "cuando", "trayendo", etc.

s. El orador debe saber que tiene que tener un dominio de la respiración. La buena posición nos concede respirar más cómodamente, también el relajamiento del pecho (abdomen) en posición hacia afuera nos ayudara a controlar la respiración.

CUARTA PARTE

FORMALIDADES EN LA MESA DE C OMEDOR

CUARTA PARTE
FORMALIDADES EN LA MESA DE COMEDOR

En la mesa en donde la persona se distingue siempre por sus actos delicados; moderación y compostura. Es una regla de naturaleza sebera y fácil de quebrantar.

I) Preparando la mesa

La mesa que se coloca bien, luce bien, y las piezas del centro deben ir juntas donde pertenecen; no use muchos clores cuando prepare una mesa, estríbela para que luzca adecuadamente, y el uso de manteles y utensilio de la mejor manera posible; de acuerdo a sus recursos; provea suficiente espacios entre una silla y otra para que los invitados tengan facilidad de colocarse.

a. Utensilios

Planee su menú de acuerdo al tipo de cubiertos, cucharas, platos, vasos, copas, etc. Chequee los manteles o forros, por lo menos dos días de anterioridad al día de su comida especial. Asegure que los manteles son adecuados al tamaño de las mesas.

b. Servilletas

Las servilletas, naturalmente deben colocarse combinadas con el mantel, hay una selección variada de combinaciones de manteles y servilletas; tanto de tela como de papel, también se pueden combinar con platos de cartón, estos solamente usados en colocación normal. Platos, servilletas y manteles de papel son aceptables en fiestas de coctel, fuera, fiesta de cumpleaños de niños y banquetes informales.

c. Decoración y flores

La colocación de tarjetas facilita más la labor en un banquete grande o varias mesas pequeñas; las tarjetas deben ser pequeñas y blancas o doradas con el nombre escrito en tinta negra legible perfectamente: Srta. Díaz" o Dr. Sánchez; no incluya el primer nombre en un banquete formal.

En una fiesta de niños siempre se usan los dos nombres: "José Rodríguez". Etc.
La tarjeta debe colocarse en el centro de la servilleta doblada.
Flores vivas son por supuesto, las más deseables piezas de decoración para cristalería.

d. La mesa

Ella debe estar adornada adecuadamente sin nada que le quite la apariencia natural.
Pero frutas, vegetales, figuras pequeñas y candeleros también están a su ingenuidad. Asegúrese que los adornos le queden al centro de la mesa.

En un banquete formal puede usarse tanto candeleros como flores. Use cuatro candeleros en mesas grandes y dos en mesas pequeñas. Mantenga armonía y similitud en sus decoraciones si Usted está sirviendo en mesas pequeñas.

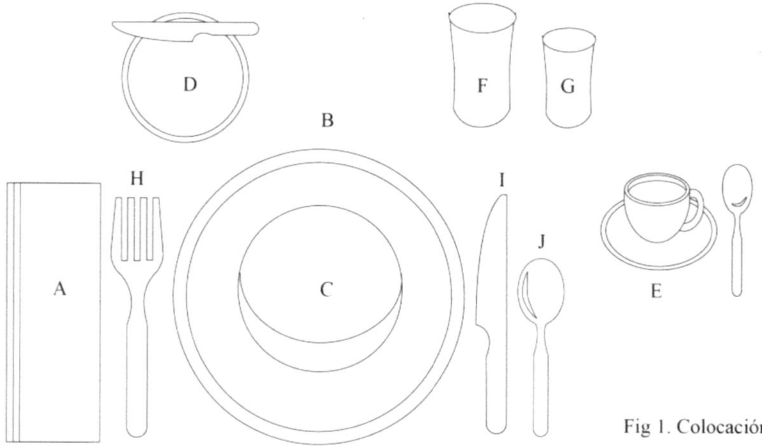

Fig 1. Colocación para Desayuno

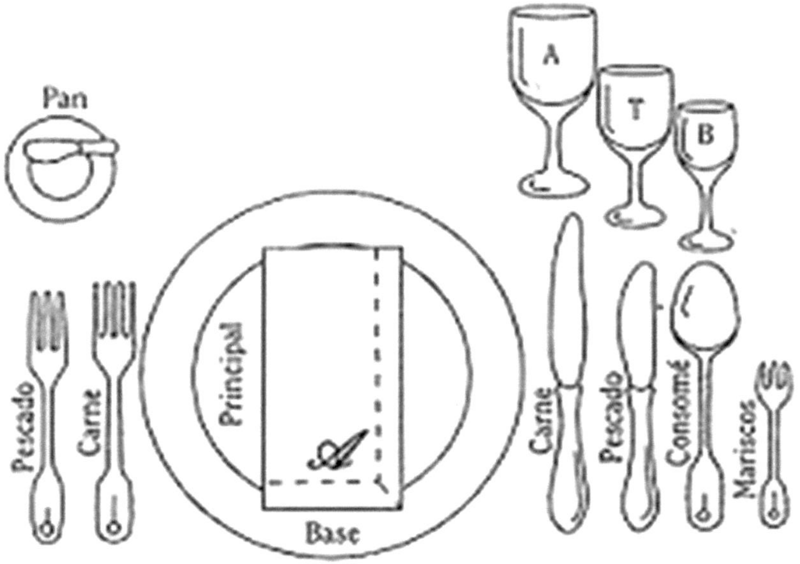

Fig. 2. Colocación para almuerzo

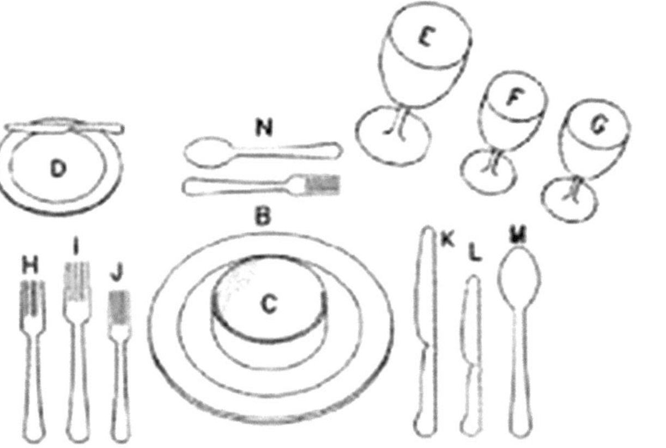

Fig. 3. Colocación para cena

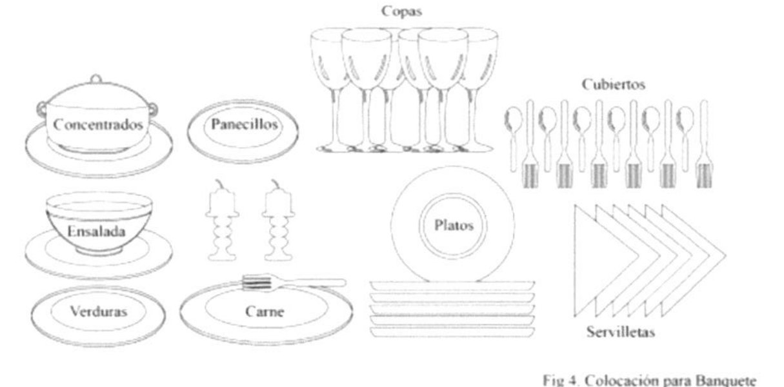

Fig. 4 Colocación para banquete

e. Cristalería

Prepare la mesa con una combinación de cristalería (Copas y Vasos.)

El exceso de colación de copas y vasos en la mesa le quita la buena apariencia a la decoración de la mesa.

Cristalería en colores, no deben ser usadas en banquetes formales. Las figuras muestran varios tamaños de copas, todas con su forma de uso.

Fig. 5 y 6

Fig. 7 Copas de Coctel o Jugos

II) Sentémonos a la mesa

Cuando estemos sentados a la mesa con un grupo debemos considerar lo siguiente:

- **a.** No tomemos asiento en la mesa antes de que lo hayan hecho nuestros padres, otros parientes mayores o invitados especiales.
- **b.** Los invitados especiales se han de sentar a la cabeza de la mesa y al pie de la mesa el resto de los invitados.
- **c.** En una comida especial de personas del mismo sexo, el más anciano o el distinguido se ha de sentar a la cabeza de la mesa.
- **d.** No es mandatorio sentar esposos uno próximo al otro, porque cuando ellos salen en sociedad, a ellos les gusta conocer otras personas.
- **e.** Si la comida es para cuatro personas de ambos sexo, los hombres se sientan uno opuesto al otro y las mujeres una opuesta a la otra.
- **f.** Nunca nos reclinemos al respaldo de nuestro asiento, ni nos apoyemos en el de los asientos de las personas que están a nuestro lado, ni toquemos a estas.
- **g.** No estiremos las piernas, ni ejecutemos otros movimientos a menos que no sean los naturales.
- **h.** Si Usted planea un banquete grande, debe planear con uno dos o más días de anticipación, como va a sentar a sus invitados.
- **i.** A continuación varios planos los cuales le servirán como ayuda para colocar en una mesa de comedor un gran grupo de invitados.

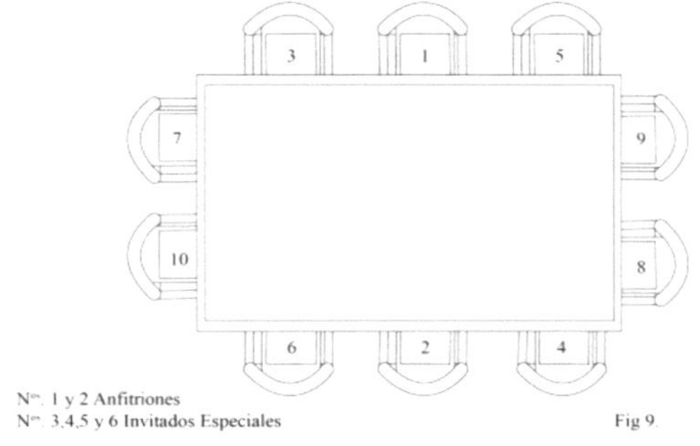

Nos. 1 y 2 Anfitriones
3,4.5 y 6 Invitados especiales
Fig. 8

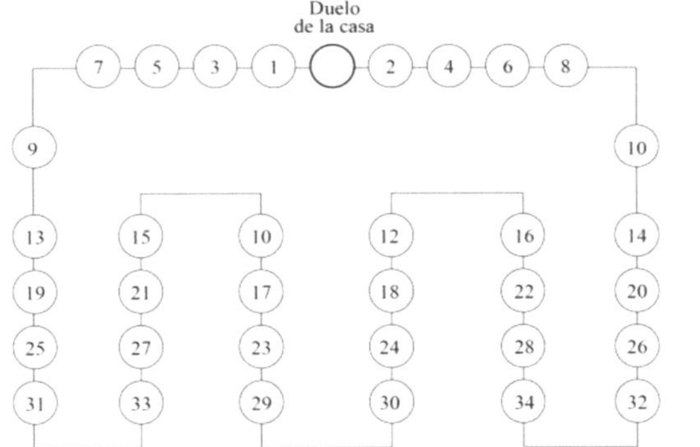

Fig. 9

III) Comiendo, trinchando, bebiendo, etc.

Cuando nos encontramos haciendo estos actos de mesa de comedor; no nos debemos sentir perplejos o embarazosos, solo tenemos que hacerlo con especial cuidado y delicadeza.

a. Nunca sirvamos un plato fuera de la oportunidad debida; existen reglas que tienen una aplicación formal y constante: 1ra. Los pasteles y todos los demás platos fuertes, las ensaladas y la caza se sirven en primer lugar; 2da., Las tortas y demás preparaciones de harina; en 3ra.; Los lácticos; 4ra. Luego las compotas, frutas, etc. 5ta. Y por último los postres (Dulces).

b. Jamás nos sirvamos mayor cantidad de comida o líquido, que aquella que vallamos a tomar una vez; si la ocasión lo permite, es posible repetir una cantidad adecuada.

c. Si la comida que lleva a la boca está muy caliente, tome un poco de agua fría.

d. Son actos impropios olfatear las comidas y bebidas, así como soplarlas cuando estén demasiado caliente.

e. En la mesa, evite hacer ruidos desordenado con los cubiertos, platos, etc.

f. Nunca tome píldoras o medicinas en la mesa durante están ingiriendo los alimentos.

g. No se debe arrojar ninguna porción de comida ni bebida en el suelo.

h. El batir una bebida caliente, tomando parte de ella en la cuchara y vaciándola desde cierta altura en la taza que contiene, es un acto impropio; al igual que dejar en la cuchara una parte del líquido que se ha llevado a la boca, y vaciarla luego dentro de la taza en aquel que está tomando.

i. No se debe tomar un bocado tan grande que quite la apariencia natural.

j. No se debe llevar huesos a la boca, a menos que no sea un deleite privado.

k. Muchas comidas tales como carne molida, vegetales, ensaladas, pasteles y bizcochos no requieren el uso del cuchillo, si tienes que cortar algo de eso, use el tenedor, de otro modo, si Usted se siente contento usando el cuchillo, no se excite en hacerlo.

l. Nunca use una pieza de pan para empujar algo, use su cuchillo en caso que no pueda manipular el alimento con el tenedor; tampoco parta su pan con su cuchillo.

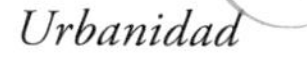

m. No cruce ningún objeto por el frente de cualquier persona en la mesa; pídale gentilmente a la persona más cerca a Usted, que le pase lo que Usted necesita.

n. Cuando Usted exprima una pieza de limón, agárrelo con una mano y con la otra cúbralo para que no salpique a Usted ni a los que le rodean.

o. No use sus dedos para tomar del servicio papas, oliva, ensaladas, maíz desgranado y mariscos; no se olvide de usar su tenedor y cuchillo; tampoco descanse o ponga sus codos o antebrazos en la mesa.

p. Si un hueso de pescado le ahoga, cubra su boca con una servilleta y aléjese de la mesa rápidamente y trate su situación a solas, no llame a nadie que le ayude a menos que no sea necesario; es mejor no causar alarma a los otros que están a la mesa.

q. Uvas, melón, semillas, aceitunas, requieren la mayor técnica discreta, poniendo su servilleta encima de su boca con una mano, y con la otra removiendo el sobrante y colocándolo en el borde del plato.

r. Nunca ponga su cuchara mojada en la azucarera, siempre use una seca.

s. Cuando coma sándwich grande, hágalo con mucho cuidado, sin derramar parte de su contenido; en otras palabras, haga lo mejor que pueda.

t. Si nos desagrada la comida o bebida, que ya hemos gustado; pongamos disimuladamente a un lado nuestro plato.

u. Jamás tomemos líquido cuando tengamos aun la boca ocupada con alguna comida, también cabe decir que al beber agua o cualquier otro líquido, nunca dirijamos la vista hacia ninguna otra parte que no sea en el vaso, la copa o taza, etc.

v. Si nos vemos en la necesidad de toser, estornudar, eructar o sonarnos, pensemos que estos actos son desagradables, procuremos ejecutarlos de la manera más discreta posible.

w. Escupir y hacer gárgaras son actos severos en la mesa y en las demás situaciones sociales; hágalo en privado.

- **x.** No hacer muecas o ruidos con la boca, para limpiar las encías o extraer de la dentadura partículas de comidas por medio de la lengua.
- **y.** No se debe virar el plato para escurrir alguna porción de comida o líquido que se encuentre.

IV) Maneras de los niños en la mesa

- **a.** Los niños han de observar los ademanes y maneras de los adultos en la mesa de comedor.
- **b.** Si Usted considera que su niño tiene muy poca edad para sentarlos a la mesa; lo puede dejar separado de ella, cuando Usted considere que el niño tiene edad suficiente para comer a la mesa pero todavía comete errores; enséñele buenas maneras en privado.
- **c.** Es buena costumbre enseñar a los niños tanto a remover como a llevar los platos y utensilios de la mesa a la cocina.
- **d.** El niño no debe monopolizar conversación en la mesa.
- **e.** Cuando se sirve el café o bebida fuerte a la mesa, el niño puede abandonar la mesa muy cuidadosamente, pidiéndole el permiso previo a los mayores.
- **f.** El niño puede mantenerse en la mesa si se le sirve te, chocolate, leche, jugo, o cualquier otro líquido que no sea café o bebidas fuertes.

V) Levantándonos de la mesa

- **a.** El anfitrión tratara de ser el último en terminar de comer, si encuentra que los invitados comen despacio, ajuste su paz de acuerdo; quizás tomando una pequeña porción en su plato al terminar de comer su primer servicio; así podrá mantener una compañía amena.
- **b.** Jamás nos pongamos de pie, ni para trinchar ni para servirnos en la mesa.

c. Cuando terminemos de comer; por su puesto, dejemos todos los cubiertos dentro de nuestro plato.

d. Al terminar de comer, el anfitrión se levanta de la mesa primero; Si el anfitrión es varón, el ayudara a la dama, removiéndole la silla al ella pararse.

QUINTA PARTE

LA MUJER

QUINTA PARTE
LA MUJER

La mujer es como el vaso fragil, en cuanto a lo físico, la preciosa gacela, el ser más bello e interesante en la naturaleza de la humanidad, tiene mayores límites que el hombre en el campo de la moralidad, el civismo y la vida urbana.

No todas las mujeres tienen la misma virtud en reconocer los valores que tienen las reglas de la urbanidad, ya que a ellas se aplican la mayoría de los cuidados y atenciones que esta ofrece; es extremadamente difícil poner límites a una persona libre; aunque este tratado en ningún instante trata de limitar la libertad humana, sino de educar la mente, el cerebro y el corazón del género humano; son tantas las privaciones que tiene la mujer, y tantos los compromisos y sacrificios en la sociedad que en este artículo solo nos limitamos a reconocer el honor, la grandeza y los atractivos que hermosean con bien el pudor de la mujer.

Para la ella mantener en alto los valores morales, debe recordar lo siguiente:

1. Caminar por la senda de la religiosidad, el honor y la fe en el Creador.
2. Mantener un vocabulario digno de ponderación, por ser los más correctos posible.
3. Conservar las cualidades femeninas que le ha dado el Creador; en otras palabras, mantener la delicadeza, el honor y la gracia que Dios le ha otorgado.
4. Mantener la vida apacible, la cual conlleva a valorar las grandes cualidades sociales.
5. Nutrirse de conocimientos útiles.
6. La exterioridad de la mujer, nunca debe adulterarse, sino siempre conservarse natural; con esto se mantiene la delicadeza y la visible atracción natural.
7. Gracia y honor son corona de honra en la mujer educada.

SEXTA PARTE

DE BODA

SEXTA PARTE
DE BODA

Después de haber planeado la boda, los primeros pasos que se deben dar son: Hacer y distribuir las invitaciones y anuncios, estos deben ir con el mayor cuidado y delicadeza posible a las manos de los invitados; mientras más elegante y delicada sea la boda, mejor apariencia personal se descubrirá en la presentación personal de los novios y los que allí participen, esta es una de las ocasiones en que cualquier pequeño error es censurado; hay que evitarlos.

Las sugerencias, ideas y opiniones que aquí se presentan no son obligatorias; porque en cada pueblo, ciudad o país hay diversidad de estilos y formas de celebrar las bodas.

Solo intentamos presentar algunas formalidades comunes en algunos pueblos hispanos, norteamericanos, europeos, africanos y otras regiones.

I) INVITACIONES Y ANUNCIOS DE BODA

a. Los participantes de la novia (o el pariente, si solo vive uno) emite(n) las invitaciones y anuncios; si ninguno de los padres viven, el hermano o hermana mayor lo hará o de otro modo un pariente cercano más mayor de edad lo ha de hacer; si la novia tiene un tutor(a) ellos han de tomar el honor, solo en excepciones y con el consentimiento de la novia los familiares del novio pueden editar las invitaciones y anuncios; si los parientes de la novia son divorciados, cada individuo cumplirá de acuerdo a como el público más cercano le concierna; la madre de la novia usualmente edita las invitaciones en su propio nombre.

b. Las invitaciones y anuncios se imprimen en un papel de doble página de color blanco o marfil; su tienda de papelería e imprenta le ayudaran mostrándole ejemplos de invitaciones y anuncios; incluyendo gravamen y tipos de letras, aunque el tipo de las letras más común en esta ocasión es el tipo ingles clásico de color dorado, en algunos países las usan negra o color oro.

c. Los sobres han de combinar con el papel, dos han de usarse en cada invitación; el sobre interior no se pega y el exterior (más grande) tiene pegante, en el exterior se escriben el(los) nombre de los invitados; el exterior sólo llevará por fuera los títulos y apellidos de las personas invitadas. Ejemplos: Sr, y Sra. Puello, Sra. y Dr. Benavente; nunca dirija el sobre con los primeros nombres.

Si Usted quiere invitar a una persona adulta con niños puede poner en el sobre así:
Sra. Y Dr. Rodrigué
Ruth
Betania
Nelson
La otra excepción para múltiples nombres, en un sobre es cuando los invitados son hermanos(as), dichos nombres se escriben con el apellido. Ejemplo:
Rebeca Solano
María Solano
Roberto Solano

d. Toda invitación ha de enviarse con suficiente tiempo de anticipación, si es personal debe hacerse por lo menos en un mes antes de la boda y si es por correos o algunos invitados viven distantes, la invitación debe hacerse por lo menos dos meses antes de la boda.
e. No importa el lugar en donde se desee celebrar la boda, puede ser en una iglesia, sinagoga, salón, hogar, etc.

Las invitaciones y anuncios siempre deben especificar en letras claras los nombres, fecha, lugar y hora de ceremonia y recepción.
Ejemplo:

El Sr. José y la Sra. María Rodríguez
Tienen en honor de invitarle a la unión matrimonial
De su hija
Ruth Esther
Al
Sr. Jesús Manuel Herrera
El domingo tres de diciembre del año mil novecientos ochenta y nueve
A las cinco de la tarde

Primera Iglesia Bethel
Calle Conde #1981 (altos)
Santo Domingo, República Dominicana

f. En caso de una boda doble, las invitaciones se deben hacer por separado, o las dos engravadas en páginas dobles; o una invitación puede incluir los nombres de las dos parejas; si las hembras son hermanas, se puede enviar una invitación por las dos.

g. Dado el caso raro de que los novios no tienen parientes o patrocinadores de la boda (Esto puede suceder si ambos viven en una ciudad extraña) ellos pueden hacer su propia invitación.

h. Las invitaciones para una boda de una joven viuda han de editarse por sus padres, usando el primer nombre y el apellido del espeso anterior de la novia; en caso que la novia sea divorciada, la familia usara en la invitaciones el primer nombre incluyendo el apellido de soltera, sin usar el título de Sra. (Es preferible no usar títulos.)

i. Si Usted ha planeado una boda en un lugar grande y se preocupa para que todos los invitados estén sentados, por la sensibilidad de algunos sentimentales; lo que hay que hacer es enviar una tarjeta de anunciación sea eclesiástica u hogareña; esta tarjeta especial se envía junto a la invitación.

Ejemplo:

Favor presentar esta tarjeta
En 1ra. Iglesia Bethel
El domingo, tres de diciembre

Si la boda se celebrara en la iglesia y la recepción en otro lugar, envíe una invitación combinada con la tarjeta de anuncio adjunto.

Algunas ceremonias de boda son privadas y pequeñas, solo para los familiares y amigos más cercanos; la recepción por tanto es grande, en estas circunstancias una invitación formal a los invitados a la recepción no es necesaria; ellos pueden recibir una invitación a la recepción solamente.

j. Su lista de invitados determinara el tamaño de la fiesta de boda; incluya en su lista a ambos familiares y amigos cercanos.

k. Para la aceptación de una invitación no obligue a los invitados; envíele una nota formal de aceptación o rechazo; así tendrá una idea de aproximadamente cuantas personas asistirán a la boda.

No importa donde se celebre la boda, las respuestas han de ser enviadas a la casa de la novia, si hay alguna confusión de dirección, especifique en la esquina de la izquierda de la invitación, en donde se ha de enviar la respuesta.

l. Si Usted es el invitado, y no puede asistir a la boda, envíele una pequeña carta a la pareja, explicándole el motivo de su ausencia; hágalo con el mayor cuidado posible; no olvide enviar una nota de congratulaciones y si le es posible un regalo a los novios.

m. El anuncio de la boda se puede hacer pocos días antes de ella, usando el mismo material que en las invitaciones; en cuanto al papel y sobres; un anuncio en el periódico puede salir un día después de la boda para así notificar a la sociedad la unión matrimonial; si no se puede hacer un día después, hágase pocos días después de la boda, ajustándose así a la política del periódico; cuando el anuncio salga en el periódico, asegúrese de compartirlo con los familiares y amistades más cercana.

n. Cuando la boda es pospuesta para otra fecha, si hay tiempo, envíe un anuncio impreso a todos los invitados, algo parecido a las invitaciones, pero si la boda es pospuesta a último minuto, hay que avisarle a los invitados por teléfono, telegrama o correo electrónico, las razones por la pos poción han de ser dadas, no importando cuales sean éstas; la nueva fecha, hora y lugar de la posposición ha de ser notificada a cada persona invitada a la boda; el periódico es un medio muy efectivo para anunciar la posposición de una boda.

II) PROCEDIMIENTO DE LA BODA

1. Planeamiento

Todos los planes para la ceremonia y recepción de una boda han de hacerse con el mayor tiempo posible de anticipación.

Después de Usted haberse decidido en cuanto a la fecha, Usted ha de tener al tanto las siguientes consideraciones:

- Si la boda ha de ser durante el día o la noche.
- Pequeña o grande.
- Cuantas personas han de invitar.
- Selección del menú adecuado.
- En la iglesia, en la casa o en cualquier otro lugar.

La persona más indicada para ayudarle a organizar una boda es el ministro religioso, él le instruirá en cuanto a los procedimientos correctos en un evento como este; el quizás tiene una persona u oficial encargado o un asistente social que le dirá detalladamente todos los pasos a seguir.

a. Recepción en un hotel, club o restaurante.

Si Usted va a celebrar la recepción en cualquiera de estos lugares, Usted ha de hacerla en forma de "Banquete".

Un consultante en bodas es el gerente de banquete, él le ayudará a seleccionar el menú, cantidad de invitados, el mejor tiempo para la celebración y espacio disponible para los invitados.

b. Si la boda ha de celebrarse en la casa.

Su ministro religioso le explicará el procedimiento a la pareja y sus asistentes antes de la ceremonia.

Las bebidas para la recepción en la casa han de ser simples; así los familiares no tendrán mucho inconvenientes ni estarán muy forzados.

III) LOS GASTOS

¿Quién paga los gastos? Es entendido que los gastos son pagados por los padres de la novia, la novia, el novio, la madrina y el padrino.

(En algunos países también se incluye a la compañía).

a. Padres de la novia:

- Invitaciones a la boda.
- Anuncios.
- Pagos de la iglesia, sinagoga, salón, etc.
- Fotografías.
- Alquiler de automóviles.
- Ajuar de la novia.
- Gastos de hospedaje de la madrina (Si viene de lejos).
- Flores para la doncella de honor, madrina y compañía femenina (Dama de honor).
- Clavel para el padre de la novia.
- Flores para la iglesia, sinagoga, salón o recepción.
- Costo de la comida y música para la recepción.
- Regalos para los novios.

b. La novia paga por:

- Regalo para el novio, la doncella de compañía y damas de honor.
- Anillo para el novio (Si es una novia de doble anillos)

c. El novio paga por:

- Anillos de compromiso.
- Anillos de boda.
- Licencia o acta de matrimonio.

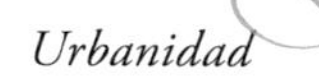

- Honorarios para el ministro religioso.
- Ramo para la novia.
- Corsales para ambas madres.
- Sus ropas de boda.
- Hospedaje para el padrino y ujieres o chambelanes (Si ellos no tienen adecuados para la ocasión).
- Regalo de boda a la novia.
- Guantes y corbatas para el padrino y ujieres o chambelanes (Si ellos no tienen adecuados para la ocasión).
- Cena para solteros (Si él ofrece una antes del día de boda).
- Viaje de luna de miel.

d. El padrino paga por:

- Las bebidas en la recepción.
- Regalos para los novios.
- Sus ropas adecuadas.

e. La madrina:

- El bizcocho.
- Regalo para los novios.
- Sus ropas adecuadas.

f. La dama de compañía (Dama solitaria), damas de honor, ujieres y los padres de los pajes pagan por:

- Sus ropas adecuadas.
- Regalos para los novios.

IV) REGALOS, RECUERDOS Y FLORES

Debemos expresar nuestras felicitaciones en la forma más satisfactoria posible; si una persona ha de expresar sus congratulaciones a una pareja que se casa, debe hacerlo el día de la boda o antes, solo pocos días después de la boda si las circunstancias así lo ameritan.

Los regalos de boda son una tradición; es una obligación hacer un regalo a una pareja en la cual está envuelta la familia o íntima amistad; esto ha de hacerse aunque Usted sea invitado solo a la ceremonia, a la recepción o a ambas.

Los contrayentes, tampoco han de esperar un regalo de cada invitado.

Los regalos de la boda nunca se entregan personalmente, siempre se llevan a la casa de la novia, incluyendo a los íntimos amigos del novio; Los paquetes deben ser dirigidos siempre a ambos novios, ejemplo: "Mejores deseos a Carla y Manuel".

1. Regalos

a. El novio regala a la novia un regalo permanente como recuerdo de su día de boda, tal como una joya; la novia también obsequia un regalo al novio. Estos regalos se han de entregar antes de la ceremonia.

Los regalos que ofrecen los novios a sus compañeros han de entregarse en el almuerzo o cena precedente a la ceremonia.

b. Los compañeros de la boda, han de enviar sus regalos a los novios como los hacen todos los invitados; algunas veces se unen en hacerle un regalo global uniendo su dinero.

c. Los parientes de los novios usualmente entregan un regalo lo más generoso posible, ellos saben lo que los novios necesitan, han de ser regalos muy personales como cubiertos, muebles, un carro, el costo de la luna de miel; en fin, algo que los parientes puedan hacerle frente al costo.

d. El despliegue de los regalos es aceptable en la recepción; si la recepción se celebra en la casa, los nombres no se deben indicar por motivo de discreción, los regalos repetidos han de ser

separados a una gran distancia en el pliegue de los regalos en una mesa grande o varias mesas pequeñas; los cheques ni dinero en efectivo se despliegan, una tarjeta sustituye estos en el despliegue.

e. Si Usted regala flores, no deje de acompañarlas con una tarjeta pequeña escrita a mano es siempre correcto; envíe sus flores antes de la recepción, así es posible que ellos la incluyan en la decoración.

f. Si Usted regala dinero o su equivalente en cheque, bonos o certificados editados por alguna tienda o negocio, no debe darlo a menos que Usted sepa que a quien se lo va a dar no se ofende, cuando Usted sabe que el dinero puede ser aceptado, seleccione los billetes más nuevos o escriba un cheque por su equivalente. Deposite un regalo en un sobre con una nota escrita a mano adjunta deseándoles sus mejores deseos.

g. El regalo ha de ser reconocido tan pronto se recibe, es formalidad enviar tarjeta o nota de gracias tan pronto se recibe. Ejemplo: Muchas gracias por su apreciado regalo, el cual nos será de gran utilidad, Marcos también está agradecido de su gesto apreciable; con mucho amor, María.

h. No es obligatorio enviar un regalo cada año de aniversario de boda. Si Usted desea puede enviarles a ellos una tarjeta de congratulaciones con un mensaje escrito es suficiente.

i. Cuando Usted envuelva un regalo, hágalo de la manera más atractiva posible. Asegúrese que el papel combine con el lazo o cinta y el precio es removido del objeto o caja (Hay precios que vienen ya impresos en los objetos, tales como libros, etc. Estos los puede dejar tal como estén). Si la caja no es atractiva, colóquela en una más adecuada. Guarde sus recibos y tickets de compra, en caso que tenga que devolver el objeto por otro tamaño o color.

2. Recuerdos y flores

a. En las bodas es mejor presentar flores vivas que artificiales; por supuesto, tan pronto se reciben las flores hay que ponerlas en agua; la rosas, dalias, gladiolos, orquídeas y lirios son las flores favoritas en esta ocasión; no se debe colocar flores que den alergia; en las floristerías tienen una gran selección de flores y recuerdos que son adecuados para una boda; la selección de ellos varía de acuerdo a la ocasión, el tiempo y la hora (día o noche) y la disponibilidad de dinero.

b. Los Corsales y capias deben ser enviados por el florista en una forma segura y en avance; para una ocasión formal, una orquídea es apropiada.

c. Las hembras despliegan los Corsales en varias formas, lo pueden llevar en su traje o pulso, también en sus manos el cual se pueden amarrar con una cinta.

d. En cuanto a las flores para decoración, es bueno consultar a un florista, el cual le orientará todo cuanto a la mejor manera; también el gerente en donde la recepción se va a celebrar, él puede dar sugerencias en este asunto; ellos son gente que tienen experiencia en estos casos los cuales le ayudaran a hacer una decisión final.

e. Una boda sin recuerdos no es una boda completa; es importante para los novios obsequiar a los invitados con un pequeño recuerdo o suvenir; estos se pueden entregar dentro de pequeñas cajas, como desenvueltos; si los va a entregar envueltos, es aceptable que los adorne con una tela de tul y una cinta fina; los recuerdos no llevan los nombres a quienes se les va a entregar, sino un gravamen que se hace con letras doradas.

f. Los novios también pueden obsequiar con dulces a los invitados; estos no son en gran cantidad, pero también pueden ir en cajitas como envueltos en tela de tul con una cinta de capia con los nombres de los novios impresos, este gravamen lleva también la fecha de boda y se imprime con letras doradas; en la mayoría de las bodas hispanas se obsequian a los invitados unos confites o caramelos blancos rellenos de una almendra cada uno.

g. No es obligatorio obsequiar a cada invitado con un recuerdo o dulce; a veces se obsequian discretamente cuando estos son limitados, se les entrega solamente a los familiares y a las amistades más íntimas.

3. Decoraciones

No debemos dejar para último minuto el asunto de las decoraciones adecuadas para una boda; toda decoración se ha de hacer de acuerdo al lugar(es) donde se van a celebrar la ceremonia y la recepción; también de acuerdo al tiempo, época y los recursos económicos.

a. Las decoraciones del templo, sinagoga o salón son más diferentes a las del lugar de la recepción; estas han de ser sencillas y elegantes: Dos ramos de flores blancas en el altar y pequeños ramilletes en cada lado de los bancos o sillas, estos pueden ir adornados con cintas; los claveles blancos no son muy apropiados en esos recitos durante esa ocasión. Siempre es saludable consultar primero con el ministro eclesiástico para su asistencia y asesoría en el asunto de la decoración del templo, sinagoga o salón.

b. Los granos de arroz no se deben tirar a los esposos dentro del lugar sagrado, sino en las afueras.

c. La decoración de los autos o coches deben ir en acorde con la decoración del lugar en donde se celebre la ceremonia; es muy popular decorar los autos o coches con flores y cintas de papel color blanco.

d. La decoración del lugar en donde se va a celebrar la recepción es menos complicada que la del lugar de la ceremonia; si la recepción se va a celebrar en un club, hotel o restaurante, es aconsejable consultar con el gerente o encargado de recepciones, esto ha de hacerse con anticipación a la fiesta; si la recepción se va a celebrar en la casa, es mucho menos complicado que en cualquier otro lugar; siempre use los colores blancos, rosados, plateados, marfil y hueso en sus decoraciones de recepción de boda.

e. En los lugares para la recepción se adornan las mesas, puertas, ventanas, etc.

4. Colocaciones y deberes

Con anticipación, hay que notificarles a los asistentes a una boda sus colocaciones y deberes en la ceremonia y recepción.

- **a.** Las colocaciones se hacen más simples cuando se hacen ensayos del desfile.
- **b.** En cuanto a los deberes de los compañeros, ellos deben asistir a los ensayos (Si viven cercano), desfilar, hacer guardia, servir (Si es necesario), sentarse en la mesa de los novios, la madrina agarra el ramo de la novia cuando el novio le va a colocar el anillo a la novia, si no hay pajes, la dama solitaria puede cargar los anillos y ordenar los bordes del vestido de la novia que se arrastra y se viran cuando la novia dobla para la recepción, ella también puede firmar como testigo.

Los chambelanes han de estar en el lugar de la ceremonia con el novio y el padrino por lo menos una o media hora antes de celebrarse esta, ellos recibirán también a los invitados, ayudándoles a obtener asiento, los chambelanes como todos los demás acompañantes se sientan a la mesa de recepción junto a los novios; si el servicio es un banquete los chambelanes ayudaran a los invitados con la bebida; el padrino carga el sobre con el dinero para el ministro religioso, al final de la ceremonia, naturalmente, él le entrega el sobre al ministro; el guarda los guantes del novio junto a los suyos, también mantiene el anillo disponible para así entregárselo al novio al tiempo correcto.

- **c.** En relación al desfile, siempre este debe incluir la marcha nupcial; todos los participantes deben desfilar cuando entran al lugar de la ceremonia, primero entran los pajes (Pareja de niños) con los anillos en el cofre o canasta pequeña, luego la dama solitaria, detrás las damas de honor acompañadas de los chambelanes, si el pasillo del lugar de la ceremonia es espacioso ellos pueden entrar en parejas parándose al frente, al lado de los asientos y por el mismo pasillo ha de pasar el novio acompañado de la madrina, si el novio no está de antemano en el altar como se usa en algunos países, por último entra la novia acompañada del padre o el padrino, al llegar al altar; cada uno toma su lugar correspondiente, el padrino o el padre le entrega la novia al novio que esta frente al ministro.

Después de terminada la ceremonia, los esposos dan la vuelta para salir del recinto, desfilando nuevamente tomando ellos la cabeza del desfile y así consecutivamente desfilan los acompañantes detrás de los esposos hasta salir del lugar de la ceremonia.

d. Llegando al lugar de la recepción, allí habrá una mesa reservada para los novios y sus acompañantes, en algunos países, en esta mesa también se sientan los parientes de los novios y el ministro y su esposa; en esta mesa los novios se sientan a la cabeza o en el centro, al lado de la novia estará sentado el padrino y al lado del novio, la madrina y así consecutivamente los acompañantes continuando con las doncellas y chambelanes; también se acostumbra tener otra mesa separada para los parientes de los novios, el ministro y su esposa.

5. Moda o estilo

a. En una boda formal la novia usualmente lleva un traje blanco, también alguna los usan de color hueso; el traje de la novia puede ser de tela satín, tafeta, encaje o de gaza; usualmente no puede ser muy apretado aunque las mangas largas algo apretadas; cuando la novia se viste con un traje de mangas largas, no debe usar guantes, los guantes solo se usan cuando la novia se viste con un traje de mangas cortas; si la novia desea usar las mangas cortas ha de pedir la opinión al ministro religioso.

Antes de usar guantes, debe probarse el anillo para evitar un percance durante la ceremonia; la novia siempre cubrirá su cabeza; el velo ha de ser largo o corto, de acuerdo a la moda, sino un sombrero adecuado.

En una boda Ortodoxa judía se usa que cuando es la primera boda de la novia, ella se cubre el rostro con el velo y después de la ceremonia, el novio le levanta el velo y le da un beso modesto; la novia no usa joyas en exceso en su cuerpo, a menos que no sea una boda del medio oriente; en la costumbre hispánica, si usa alguna joya debe ser mínima o muy pequeña.

En una boda informal, la novia viste un traje común de color blanco o un color claro, nunca oscuro, ella también puede llevar un sombrero o un ramo de flores pequeñas cubriendo su cabeza.

b. En una boda formal, las doncellas han de usar traje claro de color pastel u otro color que armonice con el estilo del traje de la novia, este traje podrá servir en otras ocasiones.

El traje de la dama de compañía y el de la madrina son trajes diferentes. Si las asistentes llevan sombreros, ellas pueden llevar flores pequeñas en círculo en la cabeza, los zapatos deben combinar con el traje y las cintas deben armonizar con la moda, ellas pueden usar guantes si sus trajes son de mangas cortas.

En una boda informal las doncellas no necesariamente tienen que vestir trajes iguales, pero ellas han de vestir de una forma que combine con el traje de la novia.

c. Si la boda se celebra de una manera formal por la noche, el novio debe vestir un traje color negro con lazo o corbata, recordando siempre que el chaleco ha de combinar con los guantes, él debe usar zapatos negros, un sombrero de copa es opcional; en las bodas Ortodoxas judías no es obligatorio usar sombrero doméstico.

En las bodas tradicionales, el hombre usa corbata o lazo blanco, si la boda es formal pero durante el día, el hombre puede usar chaqueta negra, los pantalones blanco o con listas negras y un chaleco blanco y una corbata oscura, también puede usar guantes que combinen con el pantalón y el chaleco, al igual que los zapatos y el sombrero puede usarlo si así lo desea; todo depende de la moda actual; si es una boda informal de noche, todo va invertido, el novio usa una chaqueta blanca, camisa blanca, corbata o lazo negro, pantalón negro, zapatos negros y pueden usar un sombrero que combine con la chaqueta; si es una boda informal en el tiempo de verano, el novio puede ir vestido de blanco completo.

d. Estilo de la ropa del padrino y los chambelanes.

El padrino ha de vestir un traje que se convine con el traje del novio, al igual que los chambelanes, pero estos trajes deben tener los botones diferentes, para asegurar uniformidad, ellos deben usar guantes y corbatas similares a los del novio; hay algunas excepciones en los trajes parecidos, los chambelanes por ejemplo, visten camisas con cuello de collares, también el padrino puede usar estos estilos, pero diferentes colores; los chambelanes usan guantes en bodas formales aunque el novio o el padrino no lo usen; el padrino y los chambelanes tienen

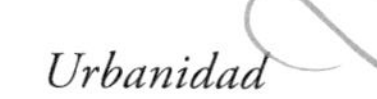

que combinar en sus ropas, naturalmente, ellos deben vestir de una manera lo más semejante posible en cuanto a color y estilo.

e. Ropa de los padres y del novio.

Las madres pueden vestir trajes largos con mangas largas, dependiendo del gusto de ellas, es muy importante que ellas consulten con la novia en cuanto a la selección de dichos trajes; ellas nunca deben usar trajes o guantes negros en esta ocasión; las madres han de vestir con un costal de su flor preferida, pero usualmente en una boda la selección es orquídea, gardenia o camelia.

Si el padre es parte de la ceremonia, él ha de usar ropas parecidas las del novio, pero con diferente botones; si el padre no está participando en la ceremonia él puede vestir de la misma moda que el novio pero con diferente clase de corbata.

f. El tipo de niños asistentes.

Estos personajes son mayormente seleccionados por la novia ya que ella prefiere a veces la participación de sus hermanos más pequeños u otros familiares; sus trajes son modificados de acuerdo a sus edades y tamaños, ellos llevan también un ramo de pequeña dimensión y canasta pequeña o un cofre, como mencionamos anteriormente; en donde ellos llevarán los anillos, la niña lleva las flores y va vestida de un traje de fiesta con zapatos que combinen con el traje, por supuesto; también ella puede usar un sombrero de flores pequeñas alrededor de su pelo.

El varoncito viste traje oscuro con una camisa blanca, medias negras y zapatos negros, si la boda es en invierno; en tiempo de verano, el niño puede ir vestido con un traje blanco; los niños bien pequeñitos pueden usar pantalones cortos y si son grandecitos pueden usarlos largos.

6. El bizcocho (Pastel), refrescos y otras bebidas

Si la recepción ha de celebrarse en un hotel, club o restaurante, el menú ha de combinarse de acuerdo a los arreglos hechos con anticipación con el gerente, si la boda ha de celebrarse en la casa, se ve un poco inadecuado que los familiares traten de manipularlo todo ellos solos, es muy importante buscar la mayor asistencia posible con tiempo, la comida ha de ser simple y manejable.

Para evitar crisis a último minuto, hay que ser cuidadoso en el manejo del espacio; las mesas y las sillas han de ser suficientes para acomodar confortablemente a todos los invitados.

Para el uso de bebidas fuertes como champaña y otros debe consultar con su ministro religioso; si su religión no le permite usar alcohol, es adecuado hacer el brindis con una bebida gaseosa clara; las copas deben ir adornadas con cintas al igual que el cuchillo para cortar el bizcocho o pastel, este debe ir adornado con una cinta y pequeñas florecitas si es posible.

Para partir el biscocho o torta, la novia toma el cuchillo con su mano derecha y el novio la cubre colocando su mano encima de la mano de la novia; ellos cortan la primera porción la cual comerán; y el resto ha de ser distribuido a los invitados en pequeños platos desechables o de porcelana blanca, las porciones del bizcocho o pastel también se pueden distribuir a los invitados en cajas pequeñas de color blanco (Esto es cuando lo van a llevar consigo), estas cajitas pueden ser entregadas en el momento en que ellos salen de la recepción.

Antes de celebrar un baile en una boda, conviene consultar con el ministro religioso porque es posible que su religión no permita el baile.

7. Partiendo hacia la luna de miel

En medio de la festividad la novia sale discretamente pata cambiar el traje de novia por el traje de torna boda, el cual servirá para la huida, este traje de gala, debe ser lo más hermoso y sencillo posible; algunos novios prefieren salir sin cambiarse el traje de boda; esto lo dejamos a su juicio, pero consideramos que con un traje adecuado hay muchas facilidades para moverse en el carro o coche que los llevaran al hotel o lugar en donde van a pasar la luna de miel.

El padrino debe asegurarse de que las maletas estén seguras en el carro o coche.

En algunos países se acostumbra a tirar arroz a la salida de los novios de la recepción; como especificamos anteriormente.

Cuando los novios han salido de la recepción, esto es una señal de que dicha recepción ha terminado y es tiempo de que los invitados salgan lo más pronto posible, despidiéndose así de los familiares y amistades, es posible que los familiares les pidan que se queden un rato más para seguir compartiendo con ellos, hágalo si le es posible de la manera más modesta y prudente.

SEPTIMA PARTE

REGLAS DIVERSAS

SEPTIMA PARTE
REGLAS DIVERSAS

1. Dominio propio

El Creador docto al ser humanos de dominio propio, don que podemos ejercer en cualquier circunstancia de la vida en beneficio nuestro y de los demás.

2. La limpieza

La limpieza y el aseo continuo son esenciales para la salud física y mental; el cuerpo expulsa constantemente impurezas a través de la piel; los millones de poros que este tiene se obstruyen rápidamente a menos que se quiten diariamente las impurezas por medio del baño; si no se hace, se convierten en una carga adicional para los órganos de eliminación; la mayoría de las personas se benefician si toman un baño tibio o frio cada día, por la mañana o por la noche; si se hace en forma correcta, el baño fortifica el organismo contra el frio, pues mejora la circulación de la sangre, ya esta es llevada a la superficie, con lo cual su circulación se facilita y regulariza; tanto la mente como el cuerpo recibirán nuevo vigor.

El desaseo, en cualquier forma que sea, produce enfermedades; los gérmenes mortíferos abundan en los rincones en donde no entra el sol, en los desperdicios en descomposición, en la humedad y el moho; no debemos permitir nunca que clase alguna de suciedad este dentro de nuestros hogares (El ministerio de la curación, Págs. 206-213).

3. Regalos

Nuestros regalos son una muestra de afecto hacia las demás personas, es nuestro deber hacerlo con modestia y el sumo cuidado de agradar en todo lo posible aquellos que los reciban.

4. Gratitud

La gratitud es una virtud que todo ser humano debe cultivar siempre.

5. Secretos
La discreción es el cofre para guardar los secretos que se nos confían; conservemos ése cofre bien guardado.

6. La mentira
El acto de hablar mentira, no debe habitar en nosotros, porque es castigado por Dios y hace daño a nuestros semejantes y a nosotros mismos; no mintáis unos a otros; este es un mandamiento divino.

7. La murmuración
La murmuración es un grave delito que nos hace mediocres ante la sociedad, porque es repudiada por ella, también está en contra de las leyes morales y la decencia.

8. Las chanzas
Las chanzas hay que saberlas manipular, y con quien usarla para no caer en el disgusto de los demás.

9. Préstamos y Créditos
No debáis a nadie nada, Esta es la regla de oro; cuidemos de no tener que pedir prestado a nadie, si no lo podemos regresar o no tenemos con qué pagar.

10. Indiscreción
Ser indiscreto no es ético; es nuestro deber actuar discretamente cuando vemos, u oímos algo que nos cause resalto o curiosidad.

11. Cruzando las piernas
¡Mucho cuidado! al cruzar las piernas, hagámoslo con modestia y decoro, recordemos que hay lugares que este acto no es permitido.

12. Conversación
Nuestras conversaciones con los demás, deben estar sazonadas con acentos de sinceridad, nobleza y transparencia.

13.Comunicación

Es la comunicación el medio por el cual los seres humanos y otras especies transmitimos o difundimos nuestros actos, sonidos y asuntos; nosotros, como seres con raciocinio debemos emplear este medio con el objeto de procurar el bienestar de nuestra sociedad y el mundo.

Printed in the United States
by Baker & Taylor Publisher Services